ABBÉ A. MARTIN

PROFESSEUR A L'ÉCOLE SAINT-SIGISBERT, A NANCY

FILLIÈRES

LA VIE DANS UN VILLAGE LORRAIN

ENVAHI ET OCCUPÉ

Notes au jour le jour d'un rapatrié
témoin de la Bataille de Fillières (22 août 1914)

Avec 9 gravures, 1 carte, 1 plan et la Liste des soldats tombés

BERGER-LEVRAULT, ÉDITEURS

NANCY-PARIS-STRASBOURG

1920

Prix net : 5 francs

FILLIÈRES

LA VIE DANS UN VILLAGE LORRAIN ENVAHI ET OCCUPÉ

Le Capitaine LAMOTHE
154ᵉ régiment d'infanterie
tombé dans la bataille du 22 août 1914.

*Il est enterré au monument
dit du « Buisson ».*
(Voir plan et note p. 51 et p. 158.)

ABBÉ A. MARTIN

PROFESSEUR A L'ÉCOLE SAINT-SIGISBERT A NANCY

FILLIÈRES

LA VIE DANS UN VILLAGE LORRAIN

ENVAHI ET OCCUPÉ

Notes au jour le jour d'un rapatrié
témoin de la Bataille de Fillières (22 août 1914)

Avec 9 gravures, 1 carte, 1 plan et la Liste des soldats tombés

BERGER-LEVRAULT, ÉDITEURS

NANCY - PARIS - STRASBOURG

1920

AVANT-PROPOS

Nous publions ici quelques notes prises au jour le jour dans un village occupé dès le commencement de la guerre.

L'histoire de ce village présentera forcément beaucoup de traits communs à celle de maints autres villages asservis au joug de l'ennemi : ce fut un peu partout la même chose, sans doute ; cependant on trouvera dans nos notes des détails très particuliers et intéressants. Ici, comme ailleurs évidemment, d'après le programme fixé, les Allemands employèrent leurs procédés favoris d'intimidation, alléguant comme motifs de leur conduite les mêmes raisons : « On a tiré ! » Et voilà ! Il faut donc qu'ils se vengent ! « Vous ne m'épargnez guère », dit le loup de la fable, « il faut que je me venge ! » Et nous, habitants, nous l'avons bien vu. Ici comme ailleurs ils affichaient la même jactance, le même *bluff*, ils affectaient la même confiance dans la supériorité de leurs armements, la même assurance du succès, etc. « A Arlon ! A Paris bientôt ! » répétaient-ils, chefs et soldats. Seulement, pour cette formidable V^e armée, commandée par le Kronprinz (Silésiens, Brandebourgeois, Rhénans, Saxons), tout n'alla pas dès l'abord si brillamment qu'ils le rêvaient, et assez souvent nous entendions un timide aveu de défaite, ce qui nous étonnait ; nous constations de l'incertitude, du flottement dans la conduite de la guerre ; plus même, quelquefois un grand accès de découragement non seulement chez les soldats, mais aussi chez les chefs, qui semblaient surpris par la tournure des événements (la Marne, autour d'Ypres, etc.), comme on le verra en maint endroit de ce livre.

Quelle fut l'attitude générale des troupes envers les habitants ? Quelques-uns (les plus ardents) étaient durs et brutaux, d'autres, moins enthousiastes de la guerre et plutôt résignés au métier, se montraient assez doux et bons. Mais, pour la population, combien leur présence pesait ! Cette population, de nature calme, avait vécu jusque-là dans une douce quiétude, occupée à de paisibles travaux, et se voyait brusquement mise en face de la réalité terrible, et

jetée sans recours aucun au milieu des horreurs et des soucis effarants de la guerre.

Une bataille meurtrière eut lieu (Voir 22 août),
à l'occasion de laquelle le village eut à subir
bien des dévastations et fut incendié en partie (1). Puis se produisit pour nous une certaine
accalmie. Mais l'ennemi était toujours là, au
milieu de nous. Le sentiment de gêne était
entretenu par la présence toujours odieuse
des « commandants de village » qui firent bien
souffrir la population et la pressurèrent con-
sciencieusement.

Obligés de vivre, en ayant à côté de nous l'ennemi, un ennemi sournois, capricieux et tout-
puissant, et agités à tout instant par les alarmes
et le sinistre grondement presque incessant du
canon lointain, quelle existence nous eûmes

______

(1) En lisant — pour comparer — la saisissante nouvelle
d'Ouida, intitulée *A Leaf in the Storm* (Une feuille dans la
tempête) et où est décrite l'invasion d'un petit village par les
Allemands en 1870, nous avons vu se dresser devant nos
yeux l'image exacte de notre village, — petite feuille jetée
et ballottée dans la grande tourmente — : des deux côtés,
mêmes scènes, même dévastation des fermes, mêmes deuils
dans les familles, mêmes exécutions par les armes, même
résignation généreuse au sacrifice final chez le paysan Ber-
nadou et dans nos populations, même attachement à la sainte
cause de la patrie.

pendant de longs mois, de longues années! Ignorant à peu près tout de la France qui nous semblait si loin et dont nous nous sentions séparés comme par un mur d'airain, — nous n'entendions, par contre, le plus souvent que les dires mensongers de l'ennemi, — nous n'avions pour lecture que la *Gazette des Ardennes* ou la *Lothringische Zeitung*, sa digne sœur (¹); nous vivions des on-dit, plus ou moins sérieux, arrivés on ne savait comment, qui circulaient en secret de village en village, sur la marche des événements.

Haletant, toujours avide de nouvelles, on acceptait, on conjecturait, on doutait aussi, on tremblait toujours devant l'incertain, on redoutait quelque danger nouveau menaçant le village, comme contre-coup des événements. La

---

(1) Par exception, nous avons eu au commencement quelques numéros du *Luxemburger Wort*, plus impartial; mais ce journal fut bien souvent entravé par la police allemande, postée dans les bureaux; une fois, nous avons eu un journal italien sur la prise d'Armentières par les Français et sa reprise par les Allemands; une autre fois, un ouvrier apporta la *Suisse* cousue dans son vêtement; le *Temps* pénétra un jour jusqu'à un village voisin; on y lut des détails intéressants sur le « Grand Couronné de Nancy ». Mais qu'étaient ces quelques détails pour nous, au milieu des nouvelles répandues à profusion par l'ennemi!

note dominante, disons-le, c'était la souffrance.
Mais cette population, qui portait sur ses épaules
un joug pénible, conserva toujours au fond du
cœur l'attachement à la chère patrie et une
confiance inaltérable dans le succès final, en
attendant le jour de la délivrance. Sa confiance et son attente n'ont pas été trompées.

On trouvera dans nos notes, soigneusement
consignées et écrites avec les vives couleurs
du moment, l'état d'âme de notre population.
Ce ne sont, il est vrai, la plupart du temps que
des *notes* sur la vie particulière du village,
mais quelquefois elles en dépassent le cadre
et disent ce qu'on pensait et apprenait dans
toute la région; on pourrait même, si le mot
n'est pas trop ambitieux, les appeler l' « histoire fragmentaire de la France du Nord-Est ».
Derrière ces échos un peu lointains et affaiblis
de la réalité, derrière les on-dit plus ou moins
conformes à la vérité, le lecteur, un peu au
courant maintenant, corrigera les erreurs et
devinera facilement le véritable cours des événements et les opérations de la grande guerre
(Verdun, la Marne, l'Yser, etc.).

FILLIÈRES

LA VIE DANS UN VILLAGE LORRAIN ENVAHI ET OCCUPÉ

LA MOBILISATION

Vendredi 3o juillet 1914. — J'apprends, le soir, en rentrant de promenade, que des ordres de convocation sont arrivés : les territoriaux et réservistes partent ce soir même. Un de ces hommes, ouvrier à Villerupt, vient de rentrer de l'usine ; il dépose son sac d'ouvrier pour reprendre son sac de soldat et partir. Que d'angoisses ! Les soldats, bons chrétiens, viennent de faire bénir des médailles protectrices à l'heure du danger. — A Longuyon, à Longwy, à Verdun, la Croix-Rouge vient, dit-on, de s'installer. — Des femmes en larmes accompagnent les partants jusque sur la route en dehors du village. Partout alarmes (¹).

---

(1) Dans les correspondances intéressantes des familles avec leurs soldats, qui vinrent alors combattre l'envahisseur dans notre contrée, on voit très bien l'état d'âme en France à la mobilisation : la surprise d'abord et le désarroi, puis l'élan plein d'enthousiasme guerrier, le courage confiant ; quelques détails typiques aussi des occupations de la vie de famille (Voir fin du volume).

Samedi 1ᵉʳ août. — A 5 heures du matin, un « taube », oiseau sinistre, passe au-dessus du village. J'apprends, le soir, la mobilisation générale (de vingt à quarante-huit ans). Des convois de chevaux partent aussi pour transporter les hommes. — On dit que les ponts de la ligne de chemin de fer entre Fontoy (frontière allemande) et Audun-le-Roman (frontière française) sont coupés.

Dimanche 2 août. — Les Allemands (¹) auraient traversé le Luxembourg... Alarmes. — Espoir : ce n'est pas encore la guerre. L'Allemagne aurait offert 1 milliard à la France pour la désintéresser de la guerre (!). Celle-ci aurait répondu : « Rendez d'abord l'Alsace-Lorraine. » — A 5 heures, dépêche du Président affichée. On lit : « Restez tranquilles. La mobilisation n'est pas la guerre. » Et cependant le bruit court que déjà le pays de Longuyon est occupé par les troupes françaises : elles ne sont pas loin de notre village, à Doncourt, près Longuyon. Malheur aux gens en voyage qui voudront rentrer au village ! On commente l'absence des pèlerins

---

(1) La Vᵉ armée (Kronprinz). En face d'elle vinrent se placer (d'Arlon à Briey) les troupes françaises du général Ruffey, lesquelles d'abord eurent sur les Allemands des avantages signalés (on le devine à l'attitude des Allemands passant et repassant dans notre village), puis, vers la fin d'août, elles durent se retirer pour résister de Verdun aux Ardennes ; on le verra, les Allemands défilent sans cesse vers ces lignes (aussi vers le Nord et Ypres), où ils subirent des arrêts et des échecs. On devinera spécialement la Marne.

partis pour Einsiedeln, en Suisse. Pourront-ils rentrer? Que deviendront-ils? Des bougies brûlent à l'église à l'intention des gens en péril.

Lundi 3 août. — On ne peut plus aller à Serrouville (village dans la direction de la frontière allemande). — L'Italie ne concourant pas à la guerre, le préfet vient d'envoyer ordre de considérer comme *neutres* les Italiens habitant le pays. — Eux n'auront pas à courir les chances de la guerre. Sur les frontières est de l'Europe, nos alliés les Russes auraient remporté deux victoires sur les Autrichiens. Les Allemands, redoutant un péril à l'Ouest, demandent un délai. Refusé. Joffre aurait dit : « On ira de l'avant ! » Émoi de la population.

PREMIERS ALLEMANDS

Mardi 4 août. — On apprend que la guerre est déclarée par l'Allemagne à la France et à la Russie ([1]). A 5 heures, le tambour de ville l'annonce.

([1]) Toute l'Allemagne, quand la guerre fut déclarée, était bien à l'unisson avec ses dirigeants. J'ai trouvé sur le champ de bataille de Fillières des cartes postales maculées, dont l'écriture a été un peu effacée par la pluie, contenant des phrases comme celles-ci, écrites à un soldat du 145e régiment d'infanterie :

« Cher Théo,

« Tu devrais être maintenant ici. *L'enthousiasme est tout simple-*

Cependant deux uhlans, portant la schapska (sorte de casque avec sommet aplati et carré) et armés

ment grandiose. Les trains sont peints tout en blanc. *L'ardeur est simplement grandiose.* Toute la journée on n'entend que : *Deutschland, Deutschland [über alles]*, etc., et puis : « A bas la France et la « Russie ! » *Je voudrais bien partir* avec toi, car j'ai grande envie de les tailler en pièces. Maintenant nous allons bien prier, et le bon Dieu ne peut pas nous frapper injustement. *Nous aurons la victoire !* »

(Courant d'août 1914.) — Une autre lettre :

« Cher Fritz,

« Si les choses en viennent à ce que tu doives aller à la guerre, prends courage et dis-toi que tu n'es pas seul. *Tape dru sur l'ennemi (Schlag ordentlich los !).* Au revoir, à bientôt. Tout le monde te salue cordialement. »

Sans doute il y a eu encore des familles, des foyers, où la guerre n'était pas bien vue : témoin cette carte écrite, au milieu de l'*enthousiasme* général, par une mère à son fils ; *elle* pense à lui, si loin ; *elle* n'aime pas la guerre, « et Dieu sait que de larmes amères elle a versées ! » *Bella matribus detestata !* — Une lettre écrite au lieutenant Joachim de Busse (V⁵ armée, 4⁵ chasseurs royaux, 4⁵ escadron), plus tard, le 24 août, dit :

« Cher et tendre petiot ! *(Geliebtes Herzenswürmchen !)*

« Que Dieu soit avec toi ! Des prières ardentes montent de nous au ciel pour toi. Pense à nous et prie Dieu. *Sois miséricordieux pour les femmes et les enfants !* Sois fidèle jusqu'à la mort, mais sois aussi miséricordieux pour nous : donne-nous de tes nouvelles. *Nous sommes inquiets jour et nuit.* Envoie un mot à la maison. »

Et sur cette lettre écrite au crayon, une autre main a écrit, à l'encre, en travers de la lettre : *Que Dieu protège mon petit gamin ! (Gott schütze mein Bengelchen !)* Qu'est devenu ce cher gamin, un lieutenant fort aimable du reste, bien élevé et portant linge très fin, qu'un ordre inattendu appela, ainsi que son escadron, à quitter le village un peu précipitamment et qui laissa dans sa chambre toute sa correspondance, un roman de lecture, sinon aussi ses paquets d'excellentes cigarettes, « à deux sous pièce », disait son ordonnance dans l'admiration ?

de lances, traversent le village ; des troupes allemandes (environ 100 hommes) sont aux abords et
attendent sous le « grand tilleul ». Les familles
sont en pleurs, inquiètes... Déjà plusieurs membres
de ces familles, un, deux, trois, sont partis. On
parle de M. Bertrand, instituteur : ses deux fils,
son gendre sont partis à 8 heures du matin, avec
le facteur, prendre du service. A 9 heures, un
biplan passe en direction de Verdun.

A Crusnes, non loin de Fillières, un cavalier
allemand a été tué. Les Allemands ont tué une
Italienne avec son petit enfant. Ils sont féroces...
Et tenez, on voit leurs chevaux, aux alentours de
notre village, fouler impitoyablement les blés.

Mercredi 5 août. — On aperçoit près du village
quatre ou cinq Allemands monter la garde. Dans
la nuit, ils avaient exploré à cheval les jardins.
Sans doute pour s'assurer qu'il n'y a pas d'em-
bûches. De tous côtés, dans la plaine des blés, des
contingents allemands émergeant s'aperçoivent
très bien. Voici donc le danger tout proche !

Jeudi 6 août. — On entend distinctement une
vive fusillade du côté de Mercy-le-Haut. Qu'est-ce
la ? Les Français seraient déjà là ? La bataille se
livrerait-elle déjà, si près de nous ? — Un journal :
Jaurès le pacifiste aurait été tué. A Moineville,
près Conflans, des habitants, dont le curé, auraient

été fusillés par les Allemands. — La guerre est bien déclarée par les Allemands depuis trois jours. Quelles perspectives alors ! Plus d'espoir d'échapper au fléau. Déjà une triste nouvelle : un jeune homme de seize ans, sans doute un éclaireur dangereux, vient d'être abattu, dans un village voisin, par eux à coups de fusil, parce qu'il avait fui à bicyclette devant eux. Non seulement notre pays est envahi, mais on signale du côté de Briey l'arrivée de troupes nombreuses.

VILLAGE ENVAHI

Vendredi 7 août. — *Les Prussiens !* Les Prussiens arrivent au village. On les aperçoit, me dit-on, en « noires masses serrées », dans les champs. Je monte au clocher : c'est bien vrai ; en face, à ma droite, à ma gauche, un fourmillement sinistre. Le maire fait annoncer, à 3 heures, que les Allemands vont entrer dans le village, et prie les habitants d'ouvrir les granges ; il compte que la population saura être prudente pour éviter toutes représailles. 4 heures. *Les voici !* S'engouffrant dans le village, 1.500 cavaliers, revêtus de capotes grises et coiffés de la schapska, ont vite fini de l'occuper. Ils sont de Cassel, Waldeck, et viennent de Bréhain, où ils ont fusillé deux jeunes gens, et de Villerupt. Entre le Luxembourg et Villerupt, ils ont eu à traverser des bois et « couru des dangers ».

— *Zivilisten*, me disent-ils, *haben auf die deutschen Truppen geschossen* (¹) !

Voilà. Et il faut bien qu'ils s'arment contre « toute tentative hostile » en terrorisant les habitants : aussi le pauvre village innocent eut des heures cruelles à passer.

Pendant qu'on annonce à la population l'interdiction de sortir du village, sous peine d'être fusillé, et qu'on menace de la peine de mort tout individu qui tirera sur les soldats, ceux-ci parcourent le village, des sacs sur le dos. Que cherchent-ils ? *Hafer! Brot! Wurst!* (Avoine! Pain! Saucisses!) En même temps ils cherchent des écuries pour leurs chevaux ; je vois sur une porte de grange : *Wagenzug* (convoi), *10 Pferde*. Je m'informe près d'eux :

— *Zu welcher Gattung?* (De quelle arme ?)

Ils montrent leurs bottes, qu'ils n'ont pas ôtées depuis quelques jours, et leurs boutons de tunique, leurs manches.

— *Wohin?* (Où ?)

— *Weiss nicht.* (Je ne sais pas.)

Je suis appelé dans une maison, où de petits enfants ont été laissés par leur mère effrayée, enfuie chez ses parents, et où les Prussiens, ne trouvant personne pour les servir, commencent à faire vacarme. Tout finit par s'arranger. Ils sont

____

(¹) Des civils ont tiré sur les troupes allemandes.

généreux et veulent payer ce qu'ils recevront. Ils parlent, ils sont ennuyés de la guerre; parmi eux, un médecin :

— *Wollte Gott dass ich meine Pflicht nicht tue* (¹) ! dit-il. J'interroge :

— *Ist der Krieg erklärt* (²) ?

— *Ja, Frankreich hat ihn angenommen, einstimmig (auch Socialisten)* (³). — *Heute gut Wetter* (⁴). — *Jetzt ist es schlecht Wetter, der Krieg* (⁵). *Wann kommt der Friede, das schöne Wetter* (⁶) ? Ailleurs ils sont moins bons, moins doux; ils affirment durement des espérances un peu exagérées : « Ces cochons de Français ! Oh ! avant trois mois ils seront *bas!* » Un lieutenant espère « dans trois mois être dans la grande ville de Nancy, puis à Paris » ! Ce ne sera qu'un jeu. Et il promet « comme capitaine de revenir de là-bas remercier des bons soins qu'il a reçus ». Ils doutent cependant encore : « France puissante ! Avec Angleterre et Russie ! mais Allemagne a Autriche ! Un petit pays ! » Puis ils reprennent sur un autre ton :

« France, Russie, Russie kaput ! France kaput ! Italie neutre sera forcée de venir avec nous ! »

---

(1) Dieu veuille que je ne fasse pas mon métier !
(2) La guerre est-elle déclarée ?
(3) Oui, la France l'a acceptée à l'unanimité (les socialistes aussi).
(4) Aujourd'hui il fait beau temps.
(5) Maintenant c'est le mauvais temps, la guerre.
(6) Quand viendra la paix, le beau temps ?

Au fond, ils ne savent pas, ils essaient d'en imposer, et semblent plutôt craindre ces habitants du pays ennemi, qu'ils vont jusqu'à forcer à boire avant eux. Le revolver au poing, ils demandent ceci, cela, des œufs, du vin; ils prennent pipes, etc., à M. Gilson. Puis ils ont, devant cette incertitude où ils vivent, des accents de tendresse au souvenir du pays, où ils étaient si heureux et qu'il a fallu quitter pour venir :

— Moi, six enfants, comme cela, et devoir partir! Vous bonne maman, comme maman!

Un soldat est fiancé; il remue les lèvres comme pour esquisser une protestation contre le sort. Un autre prend un livre de prières et s'en va, pleurant, à la grange. Mais il faudra aller de l'avant; ils demandent :

— Loin de Longuyon ici?

La perspective n'est pas rassurante : « La Belgique, dit-on, a refusé de laisser passer les Allemands! Il y a eu combat : 5.000 à 6.000 Allemands tués, 600 Belges tués. » Ils veillent à leur sûreté : 4 aéroplanes passent au-dessus du village. Le bureau téléphonique est installé. Mais cela ne leur suffit pas. Il faut un grand coup.

A 7 heures, sont arrêtés comme *otages* le curé de la paroisse, M. Robert, et le maire, et enfermés dans une chambre supérieure de la maison de celui-ci. Ils étaient là depuis une heure, quand *un coup de feu retentit dans le village;* un capitaine entre dans la chambre et leur déclare qu'on vient de tirer dans le village sur leurs soldats, et leur mettant le revolver sur la gorge :

— Je pourrais, s'écrie-t-il, vous tuer; si vous ne trouvez pas le coupable, vous serez certainement fusillés !

Et il les conduit au lieu prétendu. Mais qui a tiré ce coup de feu? qui? On enquête (¹); on demande à la propriétaire d'une maison voisine de l'endroit, si par hasard quelqu'un était venu chez elle.

— Mais oui, c'est mon beau-père Drouet (c'était l'appariteur, un homme bien inoffensif) qui m'a ramené un de mes enfants.

Et là-dessus, on va appréhender Drouet, et on l'amène, à 9 heures, dans la maison du maire, où il est enfermé avec nos deux prisonniers. Tous les trois crurent leur dernière heure arrivée. Quelles heures de martyre ! Quelle nuit de douloureuse angoisse ! Et quelles effrayantes perspectives ne vinrent pas étreindre le cœur de ces infortunés ! Mais ajoutons : ils étaient courageux et religieusement résignés à affronter sans faiblir cette mort imméritée qui les menaçait. A 11 heures du soir, on vient les chercher et on les conduit chez

----

(1) La vérité était tout simplement qu'un soldat ayant brusquement déposé son fusil sur un plancher, le coup était parti. Le rapport officiel raconte brièvement cette histoire.

M. Lucien Thirion, où une comédie de conseil de guerre a été préparée. Le général prince de Ratibor, deux généraux et cinq officiers sont là.

— Voilà un homme, dit un général, montrant Drouet, accusé d'avoir tiré.

Et aux deux autres prisonniers :

— Vous êtes d'avec, dit un autre général, il nous faut une exécution...

Il interroge M. le curé :

— Avez-vous tiré ? Vous avez tiré ! Avouez ! sinon, vous serez fusillé !

— Vous tuerez un innocent !

M. le maire dit de même. Alors retour chez le maire.

Un soldat dit en montrant l'appariteur aux deux autres :

— *Sie nicht, aber dieser — tot !* (Vous, rien, mais celui-ci — mort !)

La nuit se passe. A 5 heures du matin, on vient chercher le pauvre appariteur, et sans pitié ce vieillard de soixante-dix-sept ans bien innocent est fusillé.

Ce n'était pas fini. Vingt minutes après, une automobile arriva devant chez le maire, et, malgré les larmes et les supplications désespérées de sa famille, et l'intercession de son frère Amédée qui logeait des officiers, il est forcé, avec M. le curé, de monter dans l'auto, où siégeaient un capitaine et un soldat tenant le fusil chargé au bras... Où ces deux bourreaux mènent-ils leurs victimes? On se dirige au dehors du village, sur la route de Serrouville. A un croisement de chemins, le capitaine, s'adressant à M. le curé, lui dit :

— Vous savez qu'il y a cas de mort immédiate pour celui qui a tiré, ou empoisonné la nourriture, ou indiqué un faux chemin. Où mène, ajouta-t-il, ce chemin?

— C'est bien simple, à Serrouville.

— *Zurück!* (Retour!) dit le capitaine, tout court, au chauffeur.

A quel mobile avait-il obéi, et pourquoi revenait-il au village, ramenant ainsi saines et sauves ses deux victimes? Avait-il voulu seulement les effrayer, et avec eux la population? C'est probable. Rentrés vers 6 heures, on revient chez le maire, puis chez M. Thirion. M. le curé est annoncé aux officiers. (*Der Pfarrer ist da!*)

— Comment allez-vous?

— Pas bien...

— Et, dit un officier, assis près d'une fenêtre, vous allez, tous les deux, aller dans le village inviter vos gens à rester tranquilles.

Et lorsque les deux messagers revinrent, leur mission remplie, à la maison des officiers, ils les trouvèrent partis pour Pillon, où un combat allait s'engager et où ils devaient recevoir une maîtresse *schlague,* comme nous le devinâmes à leur retour, quelques jours après.

Samedi à dimanche. — Long défilé de voitures, courant sur la grand'route vers Ville-au-Montois (direction de Longuyon).

RÉQUISITION — UNE ALERTE — ENTERREMENT

Dimanche 9 août. — Le commandement réquisitionne œufs, beurre (pas le lard), puis du foin, de l'avoine, qu'on conduira à Ville-au-Montois, sous menace « d'aller prendre eux-mêmes chez les habitants ». — Le canon tonne dans la direction de Longuyon. Le bruit court qu'à Boismont ils ont fusillé un homme.

La messe est dite à 8 heures ; au milieu de l'office, une femme vient appeler sa mère :

— Les voilà !

Tout le monde sort effaré. En voilà donc d'autres, peut-être plus décidés et plus cruels. Mais ce n'est qu'une alerte, heureusement.

Enterrement du pauvre appariteur, M. Drouet, laissé dans les champs depuis deux jours, sous la garde de deux soldats. Le cercueil est fait à la hâte par M. Norroy.

BRUITS DIVERS

La population est un peu réconfortée : car, dit-on, « les Anglais viennent de débarquer ; les Russes ont envahi l'Allemagne ». — A Ville-au-Montois, village voisin, le curé et le maire sont enfermés depuis trois ou quatre jours.

MAIRE FUSILLÉ A JOPPÉCOURT

Lundi 10 août. — Les Allemands viennent de rétablir la ligne de chemin de fer, à la gare Joppécourt-Fillières, qui conduit à Longuyon. Le maire de Joppécourt, le cafetier de la gare, M. Renaud, a été tué.

Les troupes allemandes, ayant subi un coup de feu, prétendirent que c'étaient les habitants du village qui avaient tiré. Le maire fut saisi et promené dans le village, les mains liées derrière le dos ; on voulut l'obliger à trouver le coupable, et, comme il s'y refusait, il fut emmené dans le verger de M. Lapointe et fusillé par un peloton (Après l'exécution, on reconnut, c'était trop tard, par une douille de balle retrouvée ensuite, que le coupable était un soldat allemand). Le mort fut laissé sur place un jour ou deux, puis transporté au cimetière. Faute de clergé, l'enterrement fut écourté ; un *De profundis* fut récité par une personne du village, Mme Rozé, si dévouée, toujours intrépide, comme nous l'avons vue si souvent, et la Providence du village ; puis on se mit en route. Triste spectacle que de voir passer le cercueil improvisé (c'était... une grande caisse d'Olibet-Pernot), et qui laissait entrevoir les habits du mort ! La raison enfin qu'ils donnent, c'est qu'un drapeau français a été arboré à une fenêtre.

Dans le lointain, grondement sourd du canon. On aperçoit des incendies vers Saint-Supplet.

DE NOUVELLES TROUPES — M. BERTRAND

Mardi 11 août. — Arrivée de nouvelles troupes, de Berlin (*Funka Regiment*). On voit aussi venir, pour se ravitailler, les soldats du 3ᵉ régiment de réserve (de Thionville-Metzeresch) ; eux, gardent la voie.

Ordre d'apporter à la mairie du pain, des œufs et toutes les armes. Mᵐᵉ Davesne apporte toute une précieuse et chère panoplie de famille. Ils choisissent, puis brisent le reste des armes sur leurs genoux. — Le général, lui, installé chez les Thirion, déplore la guerre :

— Ah ! que c'est triste, la guerre ! Nous sommes comme des autres hommes.

Et il se prend à pleurer. Un soldat, à la vue d'un petit enfant, s'attendrit ; il montre l'anneau qu'il porte au doigt, et ajoute, en regardant l'enfant :

— J'en ai un comme celui-là !... Nous allons, dit-il encore, vers Longuyon, où on entend le canon, il y a eu beaucoup de tués des deux côtés.

La population ne sait que penser. Hier, dit-on, près de Longuyon, *ils* ont eu 150 tués ; à un moment le cri a retenti : « Sauve qui peut ! » et ces Allemands ont fui.

Arrivée du 8ᵉ régiment des *Jäger zu Pferd* (chasseurs à cheval) de Trèves. Un aéroplane (un Adler) passe et laisse tomber des fusées. Les soldats s'installent, cherchent de la place et de la paille pour leurs chevaux. Un d'entre eux demande la permission d'emporter d'une grange deux bottes de foin.

— *Ich bin nicht unverschämt,* me dit-il. *Wir sind keine Räuber* (¹) !

Un coup de feu a été tiré chez le boulanger ; mais cela n'a pas eu de suite, car on courut aussitôt chez le général l'informer que c'était simplement le fait d'un fusil qu'un soldat était en train d'astiquer et qui était parti subitement. — Les Allemands sont toujours sur le qui-vive, et, comme le 7 de ce mois et comme toujours, ils prennent des otages ; M. le curé et M. Bertrand, le secrétaire de mairie, ont été retenus prisonniers dans la cuisine de M. Thirion et finalement relâchés, mais, pour M. Bertrand, c'était à la condition que, pendant la nuit, il tiendrait une lampe allumée à sa fenêtre, afin que, s'il arrivait quelque chose, *on pût le trouver rapidement !*

---

(1) Je ne suis pas « éhonté ». Nous ne sommes pas des brigands.

Mercredi 12 août. — Ils sont bien installés. On n'entend pas parler de durs traitements. Le commandant, fatigué par trois jours de voyage, après avoir pris un bain, se repose dans un fauteuil. On le voit prier, les mains jointes. Un autre montre sa bague de mariage :

— *Ich bin verheiratet seit kurzem. Fast alle Offiziere sind verheiratet* (1).

ILS ESPÈRENT ET DÉSESPÈRENT

Ils espèrent, ils disent que la guerre ne durera pas longtemps.

— Ah! c'est la guerre. Que c'est dommage de vous faire la guerre, vous si bons pour nous!

Ils la détestent, eux aussi, cette guerre ! Du reste, elle n'est pas sans à-coups pour eux, ils ne sont pas sûrs de l'issue, ils ne sont pas contents. A 1 heure du matin, les officiers, réunis dans la maison de M. J. Noirjean, causent, et très mystérieusement. A plusieurs reprises, on entend : « *Wilhelm ! Schlag, kaput !* » — Le lendemain, on annonce qu'il y a « punition de mort instantanée, pour qui : 1° indiquera un faux chemin ; 2° tirera sur les troupes ; 3° empoisonnera la nourriture ». Les précautions sont donc bien prises. Mais il y a

---

(1) Je suis marié depuis peu. Presque tous les officiers sont mariés.

le clocher ! Les Allemands demandent si on voit de là bien loin. Mais M. le curé ne veut pas ouvrir l'église. — Une mauvaise nouvelle se répand : plus de farine, plus de pain ! Une meilleure : les Français sont entrés en Alsace. Ils sont aussi tout près d'ici, vers Audun (?).

Les Allemands à schapska, déjà vus il y a huit jours, en éclaireurs, se remontrent et disparaissent. Où vont-ils ?

Jeudi 13 août. — Le matin, un aéroplane. Les officiers viennent d'avoir des nouvelles : ils sont tristes. Un jeune officier affirme cependant :

— *Frankreich kaput!* Prince de Serbie fait prisonnier avec 20.000 hommes.

— Non, dit le colonel (en allemand) à la table de M. le curé, la situation des Français n'est pas si mauvaise. Leurs positions près de Mangiennes sont *kolossal!*

Et le *Bursch* (l'ordonnance) lui-même dit à la cuisine, avec des signes de découragement :

— *Deutschland kaput!*

Le colonel est bon enfant, il parle de sa famille, dont il n'a pas de nouvelles depuis huit jours ; il a six enfants : un fils Fritz, et cinq filles Mina, Maria, etc.

ILS PARTENT — ET LES FRANÇAIS ?

Vendredi 14. — A 6 heures du matin, départ des *Jäger*. Ils vont à Bréhain-la-Ville, de là à Longwy, puis à Arlon, disent-ils. — On amène un dragon français prisonnier, bien traité par les Allemands ; il est visité par M. le curé. — Un journal allemand, de Thionville, nous apporte de mauvaises nouvelles : à La Garde, près d'Arracourt, les Français ont été repoussés ; 700 prisonniers, un général tué ! A Mulhouse, le 9e corps français a été repoussé.

A SERROUVILLE — L'ABBÉ MOUREAUX MALTRAITÉ

Nous apprenons que le curé de Serrouville (village voisin), l'abbé Moureaux, vient d'être emmené brutalement, avec le maire, en Allemagne. Qu'avait fait ce pauvre curé? Pour annoncer sa messe, il avait fait tinter la cloche : vingt et un coups, disent les Allemands, pour annoncer qu'il y avait vingt et un dragons dans le village (¹).

---

(1) J'ai eu l'avantage de voir M. l'abbé Moureaux, après son retour de captivité; il fut emmené le 6 août avec M. Perbal, le maire. L'officier allemand voulut l'incriminer d'avoir sonné la messe (?), comme d'ordinaire il le faisait, par vingt coups de cloche suivis d'une volée, pour annoncer le commencement.

— Vous supporterez les conséquences de votre acte ; vous n'avez pas à satisfaire votre piété en *public* maintenant, mais en particulier. Vous êtes en mon pouvoir. Entrez ici, et une sentinelle vous gardera.

Après des adieux hâtifs à leurs parents, les deux prisonniers furent

A BAZAILLES

A Bazailles, non loin de Fillières, il y a eu une échauffourée ; les agents forestiers et les douaniers français ont tiré et blessé des Allemands ; un prince (?) a été tué. Fureur des Allemands qui mettent le feu aux maisons. Les habitants, réveillés en sursaut dans la nuit, à 1 heure du matin, se sont réfugiés dans les caves. Vingt-deux hommes sont attachés ensemble et fusillés : le père avec son fils, deux frères de quinze et treize ans, le vénérable M. Navel, âgé de soixante-dix-sept ans, etc. Des enfants de trois et cinq ans sont étranglés dans leur berceau. Un bébé était resté dans une maison en flammes ; sa pauvre mère est repoussée et n'est pas autorisée à aller le sauver. Puis les femmes du village sont forcées de faire les fosses pour les

emmenés et traités à coups de crosse, de baïonnette, coups de poing à la figure, avec force lazzis et injures. Les cavaliers les menaçaient de leurs revolvers, de leurs lances. A la frontière, un de ces soldats, dont l'un avait déjà à la mairie piétiné et sali le cadre représentant M. Poincaré, et un transparent avec ces mots : Vive la République, hurla : Vive l'Empereur ! A bas la République française ! Par Aumetz, Hayange, où ils furent insultés par des officiers, des ouvriers boches, ils furent amenés, avec douze autres prisonniers, à Thionville, où 2.000 personnes au moins les attendaient. Le pauvre curé fut terrassé, frappé à coups de poing, de pied, de baïonnette ; une sentinelle, avec sa baïonnette, lui fracassa trois doigts ! Ignoble traitement infligé à des innocents par ces gens qui voulaient apitoyer l'Europe et les commissaires de la paix sur leur défaite et leurs souffrances ! Nos prisonniers furent ensuite transférés à Coblence, à Holzminden, puis à Ulm, d'où ils revinrent en France bien longtemps après.

morts, et d'en enterrer quelques-uns, tandis que les Allemands enterrent les autres. Ici et là des cadavres humains, un cheval putréfié, un porc...

DEUX BLESSÉS

Deux cavaliers allemands blessés sont amenés à Fillières : l'un (Westphalien) a été blessé dans un combat de cavalerie; l'autre (de Cassel), un homme rude, était à Bazailles avec un convoi : son cheval a été frappé d'un coup de feu et s'est abattu sur son cavalier désarçonné, qui a eu l'omoplate brisée. On amène les deux blessés chez les *sœurs* qui les pansent et les soignent. Ceux-ci espèrent bientôt être évacués. Leurs camarades à Fillières ne sont pas fiers :

— *Wir haben mehr Verluste wie die Franzosen* (¹)! disent-ils tristement.

Et cependant de se reprendre et de clamer toujours la grandeur de l'Allemagne et de ses alliés !

L'ASSOMPTION — ARMES A LIVRER

Samedi 15 août (Assomption). — Messe à 7 heures, et ce sera tout, comme cérémonie, pour cette fête d'ailleurs et autrefois bien et si joyeusement célébrée ! — On annonce 150 cavaliers nou-

---

(1) Nous avons plus de pertes que les Français.

veaux. Toujours et encore ordre de livrer le reste des armes ! Sinon, la maison où elles seraient trouvées serait brûlée ! Quelques habitants, au lieu de livrer leurs chères armes, préfèrent les jeter dans une pièce d'eau. Ils pourront peut-être un jour les retrouver, et ce sera un souvenir. — Le café Gilson est transformé en ambulance. Des blessés passent dans des voitures en direction de Serrouville. La population devine que les Allemands n'ont pas tous les succès désirables.

ARTILLERIE FRANÇAISE « INGRACIEUSE »

Dimanche 16 août. — Canon dans la direction de Longwy. Des officiers avec téléphone, toujours en résidence au village ; un groupe de soldats avec T. S. F. passe, pour aller s'installer à Mercy-le-Haut. Les Français hantent leur esprit.

— Le soldat français, disent-ils, est plus intelligent que le nôtre ; mais les officiers français, ce n'est pas comme les nôtres.

— L'artillerie française, très bonne, mais combien *ingracieuse* pour nos troupes ! remarquait un capitaine.

LES AFFAIRES ALLEMANDES NE VONT PAS

Lundi 17 août. — Il pleut ! Point de troupes en vue ; on respire dans un calme relatif, qui bientôt, après quatre jours, hélas ! devait être troublé d'une manière terrible. — Dans la nuit de dimanche à lundi est arrivé un cavalier dans un état lamentable. Il s'est égaré, fuyant de *Chenir* (Chenières), où les chasseurs de Longuyon étaient venus faire une démonstration très inattendue. Un Allemand seulement sur quarante avait pu échapper vivant. *Sie haben uns überfallen ! Deutschen, kaput* (1) ! — Des voitures passent sans cesse, allant vers Serrouville. Le défilé dure trois quarts d'heure. — Le boulanger de Fillières, réquisitionné, va à Serrouville cuire du pain pour les troupes allemandes. — Nouvelle affiche du commandant de Fillières : « Si on tire, on sera fusillé ; défense de sortir dans le village après 9 heures du soir ; pas d'attroupements dans la rue ; fournir des vivres aux troupes et les loger ; ne pas courir si on voit des soldats ; sinon ils vous tireront dessus. » — Un poste-garde de 100 soldats est installé chez M. A. Drouet. — Vingt convoyeurs, réquisitionnés à Fillières, sont allés avec leurs voitures dans le Luxembourg, entre la ville de Luxembourg et Arlon. — Il pleut toujours... Point de troupes ! Hélas ! elles ne sont pas loin.

ENCORE DES TROUPES

Mardi 18 août. — Un aéroplane allemand appa-

____

(1) Ils nous ont surpris. Allemands perdus !

raît ; puis un aéroplane français. Deux ou trois soldats tirent dessus. Un homme d'Arrancy, près Longuyon, passe retournant chez lui ; il vient d'Aumetz (frontière allemande). Il nous apprend qu'il y a alors dans les champs une foule de soldats allemands, sur une longueur d'un kilomètre. Que peut signifier encore cette troupe ? Nous sommes bientôt fixés. A 2 heures, 600 cavaliers entrent dans le village ; ils arrivent de Metz. Mais ils sont originaires d'Essen, de Hambourg. L'un me raconte qu'il a un oncle prêtre, qui est *Dechant* (¹), et un parent *Missionär aus Steyl*. Ses compagnons s'installent, se mettent très à l'aise, cuisinent dans les jardins, où ils trouvent du reste des fruits qu'ils prennent comme dessert.

INSUCCÈS — A PILLON — GROSS MALHEUR !

Mardi 19 août. — Nos hôtes partent à 4 heures, en promenade, disent-ils, et nous promettent de revenir. — Trois aéroplanes français se montrent et essuient des coups de feu. — La ligne d'Audun-le-Roman, toute proche du village, est de nouveau détruite en face de Mercy-le-Bas. — Des bruits circulent : les Allemands viennent de se faire battre à Mangiennes (Meuse), à Colmey, près Longuyon, et sont passés à Bazailles, non loin de notre village ;

(¹) Doyen... Missionnaire du couvent de Steyl, près Cologne.

à Villers-la-Montagne, ils ont placé des femmes et des enfants en avant de leurs troupes, pour que les Français cessent le feu ; ils se sont avancés aujourd'hui vers Étain (Meuse). — A Pillon, le curé était dans le clocher avec ses gens ; les Allemands l'ont pris et placé en tête de leurs troupes, ce qui a fait qu'il fut tué par les « petits noirs » (chasseurs) (?). Le Kronprinz serait prisonnier (?) — Hambourg est aux mains des Anglais. — Pont-à-Mousson serait détruit par les canons de Metz. — En Alsace, trois divisions françaises auraient été repoussées. — Les officiers allemands parlent d'un *gross malheur* (?). Qu'y a-t-il d'exact dans ces nouvelles? On ne sait. Et comment savoir la vérité, dans ce village envahi par les troupes allemandes ?

LES CHEFS SE CONSOLENT.

Arrivée de troupes. A l'ambulance arrivent deux voitures chargées de blessés. Visite des maisons pour trouver des provisions. — Les soldats allemands nous rebattent les oreilles des louanges de leur « grande Allemagne » et de « *unser Kaiser. Die Franzosen haben Angst vor uns und haben sich zurückgezogen* » (1) (Où cela?). Les chefs clament que l'Allemagne est une « grande puissance », le

---

(1) Notre empereur. Les Français ont peur de nous et se sont retirés.

colonel reconnaît, lui, que la situation des Français est « colossale ». Ces messieurs, du reste, essaient de maintenir leur moral : dans une maison, où ils étaient trois, ils ont absorbé cinq bouteilles de champagne et cinq bouteilles d'autre bon vin, puis, pour se remettre l'estomac, ils se mettent en quête d'une bouteille de « bordeaux ». Ils forcent la supérieure des sœurs de les conduire dans sa cave pour aller chercher « du bon vin ».

DANS UN VILLAGE VOISIN

Échos d'un village voisin : un garçon de seize ans a été étranglé, ils ont mis le feu à une maison où il y avait deux berceaux, et ont défendu d'y pénétrer. Pour bien rire, ils ont jeté un porc dans une chambre sur un duvet ; un pauvre chien a été enfermé dans un tiroir, d'où il a été retiré mourant.

MAUDITES FÈVES BLEUES !

Jeudi 20 août. — Deuxième promenade, vers Domprix. La promenade a été gâtée par ces méchants Français, qui, d'un aéroplane, ont tué trois hommes avec de singulières balles qui traversent tout le corps comme des vrilles. Ah ! maudites, ces *blaue Bohnen* (fèves bleues) qu'ils n'aiment pas... Ils vont en entendre bien des autres, dans deux jours. Vers Longuyon, le canon gronde ! Que se passe-t-il donc ? Nos Allemands sont énervés.

QUELQUE CHOSE SE PRÉPARE

— Demain ou après-demain il y aura une bataille (¹), déclare le colonel chez M. le curé.

Ils n'ont pas trop de confiance, malgré leurs efforts pour *bluffer*.

— Si l'Allemagne perd, dit un capitaine, il lui faudra cinquante ans pour se relever.

Et il déchire, furieux, le journal qu'il tient en main. Et dans la nuit, j'avais entendu dans la rue : « *Auf ! Weg !* » (Debout ! On part !) Du reste, ils s'attendaient à partir.

— Où allez-vous ? dis-je à un soldat (Alsacien).

— *Wir gehen heim, nach Strassburg.* (Nous allons chez nous, à Strasbourg.)

A 2ʰ 3o du matin, départ vers Domprix, au sud. Les plus précautionneux emportent des provisions en « jambons et poules ». Très reconnaissants, ils disent : « Fillières, bon village ! » Je crois bien. — Le canon tonne au sud depuis le matin et a résonné toute la journée. A 12 heures, on voit arriver des

---

(1) C'était vrai. Les Français (154ᵉ, 155ᵉ ; chasseurs, artillerie 4oᵉ), par Étain, Spincourt et Joppécourt, s'avançaient à marches forcées vers Fillières et la frontière près d'Audun-le-Roman. La bataille de Charleroi (à Briey), c'est-à-dire sur tout le front Est, se préparait.

fuyards allemands, cyclistes et cavaliers. Entre 3 et 4 heures, nous entendons des coups de feu, le craquement des mitrailleuses, les coups répétés du canon ; sur la route de Mercy-le-Haut, au coude où elle descend vers la gare, une grande fumée noire s'aperçoit et, derrière, encore une fumée blanche : c'est un incendie ! Voici donc venus les moments pleins d'angoisse tant redoutés ! On se demande ce que va devenir le village... Que de pères de famille aussi partis loin dont on ignore le sort, dont les enfants demandent des nouvelles et au sujet desquels on en craint de fâcheuses ! Mais toujours la brutale réalité est là, qui vous serre le cœur : *Point de nouvelles !* Les communications sont coupées. — Les Allemands ont épuisé le village : pas de pain, pas de farine. M. Gilson, lui, sera autorisé à aller à Pierrepont chercher de la farine. Les champs sont piétinés, écrasés, on n'y peut rien faire : car il y a interdiction de sortir du village. Et les chevaux de culture sont partis, ayant été réquisitionnés ; il en reste bien quelques-uns, mais c'est si peu ! et dans quel état !

LA BATAILLE DE FILLIÈRES

Samedi 22 août. — Le matin, dans les bois de Grand Rimont, à l'est du village, vive fusillade. On voit arriver de Serrouville un régiment d'Allemands, tournant par le nord, en un grand demi-cercle, vers Bréhain et Ville-au-Montois. Ce n'était qu'une annonce, car bientôt en réalité, des troupes nombreuses (¹) (au moins 5.000 hommes), avec de l'artillerie (²), des mitrailleuses, remontent la route qui mène au village à travers bois depuis le fond de la vallée de la Crusne, ou escaladent de toutes parts les pentes qui mènent à la plaine, où est le village ; ils montent les pentes nord vers le Four à Chaux ; ils montent les pentes sud qui mènent au « Trou Marchand », au chemin de Mercy-le-Haut, et aboutissent au plateau, vers le nouveau cimetière (Voir plan). J'ai parcouru, quelques jours après, ces pentes. Que de traces du passage des Allemands : débris de cartouches, haies percées et foulées aux pieds ! Les Allemands débouchaient en rangs pressés (Polonais, Silésiens, pays d'Essen).

Cependant, à 9ʰ 30 du matin, dans le village, on entend sur le chemin de la gare (au sud) des coups de feu ; plein d'émotion, on court des maisons par les jardins dans cette direction ; puis quelle agréable surprise ! A travers les hautes avoines, on aperçoit les uniformes français ; on entend : « Peloton, feu ! » Les voilà qui approchent du

---

(1) Les Allemands croyaient à une grande bataille et s'attendaient à trouver beaucoup de Français (il n'y avait en réalité qu'un bataillon du 164ᵉ) et une vive résistance.

(2) Installée près du Gros Tilleul et au sortir du bois, au débouché de la route sur les champs.

village. C'est du 154e régiment d'infanterie, environ 800 hommes, venus à grandes étapes en trois jours de Lérouville par Montsec (près Thiaucourt), Allamont (près Conflans), enfin par Spincourt et Joppécourt. Les voilà! La population est heureuse! C'est la délivrance! Une partie de ces troupes se déploie sur la plaine (au chemin de la gare), à l'extrémité de laquelle sont les Allemands; l'autre entre dans le village. Immédiatement on les entoure, on leur sert des rafraîchissements. Les bouteilles de vin cachées font leur apparition; on sert du café, que sais-je? Le capitaine Lamothe, un homme blond, superbe, monté sur un beau cheval noir, est heureux au milieu de ces gens, — redevenus libres (un instant!), — qui cependant l'avertissent que l'ennemi n'est pas loin.

— Ah! Madame, n'ayez pas peur; nous nous reverrons!

Hélas! non. Une demi-heure après, il était abattu par une balle, en tête de ses hommes.

LE SAINT-CYRIEN DE BLOTTEFIÈRE SUCCOMBE

D'abord, *vers le côté nord-est,* sur la route de Serrouville s'avançait à l'ennemi (Voir la carte, à la fin du volume), à la tête de 40 hommes environ, un Saint-Cyrien, de Blottefière, portant le casoar au plumet bleu et les gants blancs, suivant la pro-

messe faite à l'École ; il remontait la grand'rue,
quand des habitants l'avertissent de faire attention,
que les Allemands sont massés derrière les murs
des jardins de ce côté.

— Oh ! je ne crains rien, dit-il en souriant.

Et... le pauvre officier, quelques instants après,
tombe avec ses hommes sous les balles de 5oo à
6oo Allemands ! Ils étaient admirables et montrèrent un noble mépris de la mort, qui en un instant les a abattus, comme la faux fait des épis d'or !
Ils reposent dans les champs, près de la route de
Serrouville, dans deux grandes tombes, maintenant
battues par le vent et souvent par la tempête (¹) !

DANS LE VILLAGE — LE CAPITAINE BÉCOURT, GENDRE DU MARÉCHAL FOCH

Dans le *village même* règne aussi l'horreur de la
bataille. D'abord l'artillerie fait rage : une batterie
allemande avancée jusque dans le jardin Mabille,
aux abords mêmes du village, bombarde le clocher,
jugé observatoire dangereux, et dont les lucarnes
sont ébranlées et la toiture abîmée. Ce clocher était
l'objectif des bombes allemandes, et aussi des

______

(1) Un des soldats de ce groupe, Joblot, un peu en arrière de ses
camarades, fut trouvé dans le jardin Laine, avec trente douilles
vides à côté de lui ; il avait lutté jusqu'au bout, puis s'était étein
doucement. Il est enterré, seul, dans l'angle du jardin. J'ai encore
vu sa tombe modeste, surmontée de son képi.

françaises, car l'artillerie française (du 40ᵉ), installée sur l'éperon de Joppécourt (¹), en face, de l'autre côté de la vallée, supposait des ennemis dans le clocher. Les obus allemands surtout pleuvent; un d'entre eux éclate avec fracas devant l'église où la marque se voit encore maintenant; d'autres tombent sur le presbytère, qui en plus, arrosé avant de pétrole par sept soldats allemands, flambe et s'écroule; puis sur la maison d'école, d'où par toutes les fenêtres tirent des chasseurs français (du 26ᵉ) et qui, elle aussi, s'abîme dans les flammes (²).

M. L'ABBÉ ROBERT, CURÉ DE FILLIÈRES

M. le curé, surpris chez lui par l'avalanche, eut néanmoins le courage de traverser (³) la mitraille,

---

(1) Détail donné par Fernand Auburtin, d'Onville, qui échappa cette fois à la tourmente, mais devait dans la suite tomber glorieusement près de Reims.

Un des obus français est resté longtemps enfoncé dans le mur de la grange de la famille Oblet, et fut plus tard retiré par des artificiers allemands.

(2) Il y avait donc aussi dans cette bataille plusieurs bataillons de chasseurs (25ᵉ de Pont-à-Mousson) qui combattaient; on sait que c'est à Joppécourt, non loin de la route (à gauche) qui mène à Mercy-le-Haut, que tomba le *capitaine Bécourt*, gendre du maréchal Foch. Un soldat allemand a écrit en France, après l'armistice, qu'il avait lui-même enterré, dans son uniforme de soldat allemand, le capitaine, au cimetière de Mercy-le-Haut. Le pauvre capitaine, paraît-il, avait été dépouillé de son bel uniforme, qu'un officier avait envoyé dans sa famille, en Allemagne, comme *trophée !*

(3) M. Louis Norroy, menuisier, habitant au bout du jardin

pour chercher asile derrière un angle de murs de
son jardin, où il resta, avec sa servante et son bon
chien, blotti dans les orties depuis 10 heures du
matin jusqu'à 4 heures du soir, et derrière lesquels
les fantassins allemands embusqués tiraient sur les
fenêtres de la maison d'école.

UN QUARTIER DU VILLAGE INCENDIÉ — TUERIE

Les Allemands, après avoir abattu *au nord-est*
nos quarante héros, avaient poussé au haut du village, sur la route de Serrouville, secondés par
l'artillerie qui, installée au Gros Tilleul, canonnait
la grande ferme Thirion où des Français se trouvaient (¹). Un combat s'engage de ce côté, au
milieu des maisons mises en flammes (20 à 3o) par
des obus ou des engins chimiques (pastilles).
Combien tombèrent, je ne sais au juste. On a retrouvé des cadavres de soldats à moitié consumés

curial, croyant M. le curé enfermé alors dans sa cave par la mitraille, eut le courage de passer quand même à travers, et, brisant
après bien des efforts les barreaux de fer du soupirail, criait :
— Où êtes-vous, Monsieur le curé ?
Il revint chez lui au milieu des mêmes dangers, ayant échappé
miraculeusement à la mort ; elle le frappait, hélas ! quelque temps
après, et il tomba d'une balle dans les champs, où il s'était mis à
la recherche de son fils Léon, qu'il croyait perdu.
(1) On me raconte que là, par une des fenêtres de la maison en
flammes, un officier français fut aperçu, les mains jointes, recom-
mandant, avant de mourir, sa grande âme à Dieu, comme autrefois
faisaient les preux de Charlemagne, entourant Roland. On m'assure
que le nom de cet officier est G. Becq.

par les flammes, où ils étaient tombés blessés (1). Raconterai-je ce détail de trois Français (sergent Varet, Sancier et Compagnon) installés dans une cave de la maison Humbert et qui, après avoir combattu bravement, se sentant blessés, se laissèrent glisser dans le puits plutôt que de se rendre (2)? C'est aussi dans ces parages que j'ai vu reposant dans l'herbe, l'un à côté de l'autre, après la bataille, un homme et une femme qui, voulant fuir par leur jardin, avaient été frappés par les obus; la femme, aux longs cheveux noirs, avait l'épaule ouverte et fracassée! Son mari, couché sur le ventre, avait la tête enfoncée dans la terre! A côté d'eux, ici et là, des soldats morts. Quel spectacle effarant! Et comme le silence de la mort là spécialement vous affecte d'un saisissement pénible et vous étreint l'âme! Dans le village, les deux époux

---

(1) J'ai vu dans une grange en ruines un cadavre; le soldat Gaborit (plaque d'identité trouvée) était couché sur le ventre, et l'épine dorsale s'apercevait encore parmi des lambeaux de vêtement bleus. La tête était séparée du tronc. Ce soldat mort dut rester longtemps là ignoré de tous, jusqu'à ce qu'un jour, en s'approchant, on vit des chiens s'enfuir de là, en sautant par-dessus un mur entr'ouvert. Ont-ils rongé ce cadavre? Je ne saurais dire. Les restes furent recueillis précieusement et enterrés par les soins de M. Gilson dans l'ancien cimetière, près de l'église, le long du mur (tombe 6).

(2) Leur tombe isolée des autres porte le n° 1 (Voir plan). — Une autre version, recueillie par moi dans la suite, prétend qu'après avoir abattu des ennemis descendant par l'escalier de la maison en feu, ils tombèrent, à cause de l'obscurité, dans le puits, et que, blessés déjà qu'ils étaient, ils ne purent remonter le long des parois et périrent. Mort affreuse!

Ley furent fusillés devant leur porte et leurs cadavres promenés par la rue, couchés sous une cou-
verture! Un bras pendait sinistrement hors de la
civière! La petite Paula Lefondeur, âgée de neuf
ans, fut abattue aussi par les balles allemandes! Et
au milieu de ces horreurs un capitaine allemand
clamait, s'adressant à M. Pellissier :

— Vous avez voulu la guerre! La voilà!

Hélas! affreuse et impitoyable!

UN AUTRE COIN DU CHAMP DE BATAILLE

Cependant, *au sud du village,* la bataille aussi
faisait fureur. Les troupes françaises, montées
par le chemin de la gare, s'étaient, au sortir du
bois, mises en bataille et tenaient tête à l'ennemi
sur deux petites plaines traversées l'une par le
chemin dit *du Moulin,* et l'autre par celui dit
du Trou Marchand, et séparées par un petit ravin,
où il y a une petite fontaine (Voir plan). De
son côté, l'artillerie française depuis Joppécourt
les appuyait, en faisant des brèches parmi les
rangs des Allemands, à mesure qu'ils débouchaient
du bois de Serrouville, où ils se tenaient cachés.

Bien des officiers allemands, spécialement visés,
furent tués ou blessés. Mais enfin..., il fallut céder
au nombre. Et parmi les nôtres les victimes furent

nombreuses (¹). Dévouement sublime, glorieux, mais, ce semble, inutile ! Les Allemands ont pu

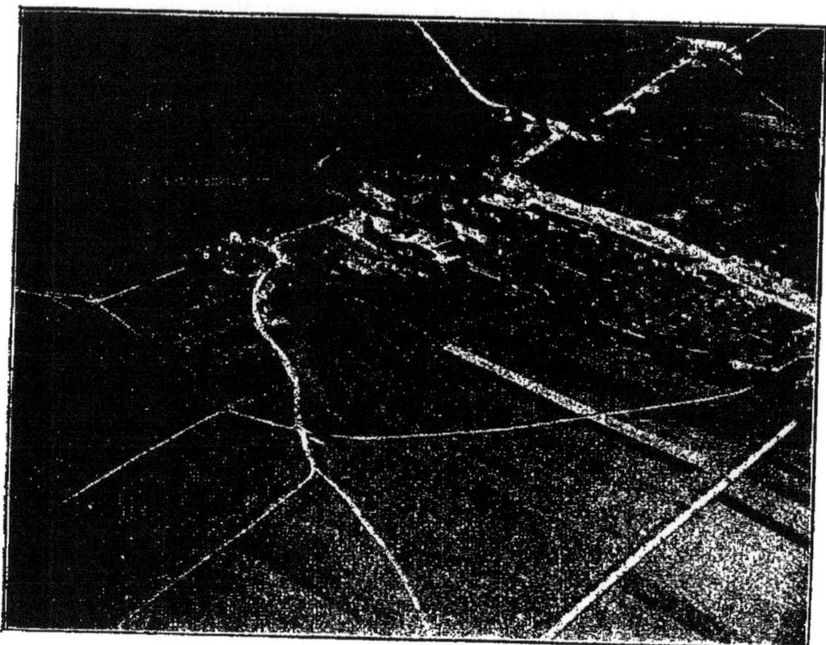

Fillières. — Photographié pendant la guerre par l'aviateur allemand Illig, frère d'un officier allemand enterré dans le grand enclos, au nord de l'église. (La tombe est le point blanc près d'un long mur.) A droite, les maisons ruinées et la grand'rue du village ; devant vous, la route plantée d'arbres qui mène à Serrouville (par où les Allemands arrivèrent) ; au fond, à gauche, le large champ de bataille avec le cimetière, puis un ravin avec un lavoir et une grande prairie ; de là les champs se relèvent, montant vers le chemin (tout blanc) qui mène de la gare au village. Par ce chemin, les troupes françaises, après être montées à travers un bois, débouchèrent sur la plaine de Fillières.

continuer leur progression dans notre pays. Ils

(¹) C'est ce que m'écrit M. le médecin-major Velten (8 juin 1915) :

l'ont payé cher, il est vrai : leurs pertes étaient
relativement considérables (j'estime bien à 800 ou
1.000 leurs soldats tombés, surtout des Polonais) (¹), et, sans compter les voitures que nous
vîmes chargées de blessés et dirigées dans les jours
suivants sur des ambulances (Aumetz, Thionville,
ou Esch dans le Luxembourg), il faut encore citer
les voitures de morts tout raidis qu'ils firent passer, couvertes de bâches, sans bruit, dans la nuit
suivante, par un chemin détourné, pour dissimuler
autant que possible leurs pertes. Le nombre de leurs
morts enterrés sur le territoire de Fillières est mi-
nime. Mais pour eux le début fut sanglant et il n'était
pas fait pour affirmer la *supériorité incontestable*
de l'Allemagne.

« Vous savez les grosses pertes que notre régiment a eues le 22 août
à Fillières ou près de Fillières, c'est-à-dire à Joppécourt et Ville-au-
Montois. Beaucoup d'entre nous y sont restés. Beaucoup de nos
hommes, beaucoup de ceux que nous aimions, des amis, des camarades, sont restés là pour jamais, et nous ne pensons pas sans
angoisse à cette fin. C'était le premier jour où le régiment voyait
le feu, y allait avec entrain, et ce jour-là, sans compter d'autres,
presque tous les officiers d'un bataillon, presque tout ce bataillon
fut blessé, tué ou prisonnier. » Et me demandant des renseignements :
« J'ai été interrogé par des familles dans l'anxiété et dans la
désolation. Peut-être du récit des événements pourrait-il se faire
que quelqu'un de ceux qui pleurent ou souffrent soit calmé et sou-
lagé ! » Puissent ces notes servir à ce but charitable entre tous !

(1) D'autres disent : 3.000 ! Entre autres, un colonel disait que
sur 120 soldats il lui en restait 36 !

FIN DE LA BATAILLE

Il est 11 heures. C'est fini. Tandis que le reste des Français vivants, qui le peuvent, se replient sur la gare et Joppécourt, Xivry-Circourt et Spincourt (1), les Allemands occupent le village. Pauvre village, dans un quartier duquel trente-deux maisons flambent !

Les Allemands le parcourent, furieux et enflammés (2), en quête de soldats cachés. Je vois encore un pauvre prisonnier mené par eux le long des maisons... C'est fini ! Nos défenseurs sont tombés ou

---

(1) Parmi ceux-ci il devait y avoir encore des blessés qui se traînèrent comme ils purent. On sait que, vers Xivry, dix voitures de blessés (de Fillières et de Joppécourt-Xivry) furent surprises sur la route par des uhlans qui s'élancèrent sur elles et percèrent de leurs lances les malheureux blessés ! Quelles scènes ! Deux voitures seulement échappèrent. L'ambulance aussi de Xivry avec tous ses blessés fut par eux livrée aux flammes !

(2) Un habitant du village, M. Vigneron, voyant les soldats envahir le quartier du village où il habitait, s'était échappé vers les champs en passant par la maison de Mᵐᵉ Humbert. Justement on venait d'y apporter un soldat français, Fernand Hennin, de Châlons-sur-Marne, blessé grièvement aux deux jambes et au bras. M. Vigneron traversant la maison passa au jardin, puis par un détour revint chez lui, juste en face de la maison Humbert, en quête de sa famille. Celle-ci était déjà partie pour Serrouville. M. Vigneron revint vers la maison Humbert et, entrant par la porte de l'écurie, y vit les soldats allemands occupant la grange et l'écurie elle-même. Il se disposait à monter l'escalier qui mène de celle-ci à la cuisine, quand un coup de feu part et l'abat sur l'escalier même ; une seconde balle ne l'atteignit pas, mais vint frapper dans le mur de la cheminée, où l'on voit encore la trace distinctement. Le pauvre homme replié sur lui-même resta quelque temps là, puis fut transporté sur le fumier et de là au cimetière près de l'église.

blessés, ou prisonniers ou disparus, et nos bourreaux sont là ! Hélas ! Notre rêve de délivrance est
évanoui !

TRISTE VOYAGE !

Les habitants, que sont-ils devenus ? Quelques-
uns, dès le début de la bataille, apeurés et désorientés, avaient voulu fuir dans les bois et du côté
de Serrouville, mais justement ils avaient été
cueillis par les Allemands venant de ce côté et
emmenés à Serrouville et Aumetz (frontière allemande). A 4 heures, une troupe d'hommes fut
aussi emmenée à Aumetz ([1]).

A L'AMBULANCE

La population restée n'était pas sans quelques
alarmes ; très bonne, très douce, elle s'employa

([1]) Ce voyage fut un martyre et ils furent laissés trois jours sans
nourriture. Tout le long de la route, ils furent maltraités par les
cavaliers ; M. Thirion eut la barbe arrachée et le maire reçut un
terrible coup de poing qui faillit lui crever un œil. En arrivant à
Aumetz, où la population boche fut exécrable, on fit sortir des
rangs 35 hommes et on leur intima l'ordre de dénoncer ceux qui
avaient attaqué l'ennemi : tous protestèrent ; séance tenante, MM. Lefebvre et Félix Humbert furent fusillés... (*Rapport officiel de la
Commission* instituée par décret du 23 septembre 1914, MM. Payelle,
Mollard, Paillot et Petit.) Les autres furent ensuite transférés à
Crusnes et enfermés dans la maison de M. Jacquard ; ils furent
remis en liberté seulement quelques jours après et ramenés à Fillières
pour aider à ensevelir nos morts, ce qu'ils firent avec un dévouement
au-dessus de tout éloge, comme nous le verrons ensuite..

activement, les jours suivants, à rendre aux blessés tous les services possibles (¹). Car dès la fin de la

Place de l'Église. — Le clocher de l'église fut bombardé de tous côtés ; le haut s'est abattu finalement et a été remplacé par un petit toit de fortune. — Voyez la fenêtre au-dessus de la grande porte, et le toit, encore en triste état. — A gauche, sur la place, se trouve (non visible ici) le couvent des sœurs qui servit d'ambulance à un grand nombre de soldats (allemands surtout). — A droite, au fond, se trouvaient la maison d'école et le presbytère, qui furent incendiés.

bataille les Allemands s'occupèrent d'amener au village les nombreux blessés, leurs blessés surtout.

---

(1) Un major allemand, de haute taille, arrivé devant le couvent,

Le pensionnat des sœurs de la Providence avec ses vastes salles, et la maison d'école des filles à côté, sont changés en ambulances où quatre majors allemands travaillent, aidés de nos compatriotes ; quelques maisons particulières aussi (Mabille, etc.) reçoivent des blessés. La place de l'Église, l'église elle-même sont jonchées de paille et on y dépose les malheureux (¹). Des brancards arrivent incessamment du champ de bataille ; des voitures partent pour les ambulances de la frontière allemande. Quel va-et-vient ! Quelle confusion ! Une odeur âcre emplit les chambres, et j'entends encore les cris des malades : l'un demande de l'eau, l'autre du thé, un autre veut que son duvet tombé par terre soit relevé...

---

s'informe des soins à donner aux blessés ; je le vois encore, promenant son regard sur la foule qu'il domine, et je l'entends encore, au milieu du fracas des maisons qui s'écroulent, instruit de nos bonnes dispositions, dire en s'adressant au pasteur :

— Monsieur le curé, je ga-ran-tis la sé-cu-ri-té de ce village, à condi-tion qu'on ne tire pas sur nos troupes !

Avaient-ils voulu d'abord brûler le village tout entier ?

Des malheureux habitants de Ville-au-Montois (dont M. le curé et ses deux sœurs, les dames Bloudeau, etc.) furent chassés du village en grande partie détruit, amenés (triste convoi !) à Fillières, enfermés et entassés dans une grange, où ils passèrent la nuit ; le lendemain, ils nous prêtèrent à l'ambulance une aide qui nous fut bien précieuse ; mais avant d'être sortis de leur prison, ils durent « promettre (ainsi disait le commandant en criant en pleine rue) de servir à l'ambulance et, pendant toute la durée de la guerre, de ne rien faire contre l'Allemagne ».

(1) Ceux de ces blessés qui moururent à Fillières furent enterrés dans une grande fosse, au jardin Jubert (il y en a 43), ou à côté de l'église (il y en a 5). Mais qui sont-ils ?

Quelques-uns sont gravement atteints, et plusieurs parmi ceux-ci sont morts là, sans bruit, à côté de leurs camarades étendus. J'en vois encore un (un Français au visage tout bronzé), les yeux fermés, respirant péniblement, se débattant et agitant ses couvertures ; je croyais qu'il échapperait ; quelque temps après, repassant par cette salle, j'appris qu'il était mort ! Dans la chambre en face, avec des officiers allemands (lieutenant-colonel, capitaine), j'ai trouvé quelques soldats français ([1]) : ils furent bientôt évacués sur l'Allemagne en voiture ; les officiers allemands partirent en automobile ([2]). Dans une chambre supérieure, j'ai trouvé encore plusieurs soldats français ; un d'entre eux, Albert Rollin, blessé d'un éclat d'obus à la jambe, peu sérieusement, heureusement, me parlait de sa femme et de ses quatre enfants restés là-bas, à Maxey-sur-Vaise. Et les larmes aux yeux, il se demandait ce qu'ils étaient devenus !

([1]) Voir à la fin du volume les noms de ces blessés qui ont été soignés à Fillières et conduits en Allemagne ; l'un a été à Darmstadt, un autre en Bavière. Les familles que j'ai averties lors de mon retour en 1915 m'ont répondu par des lettres bien touchantes ; en même temps j'ai reçu, comme cadeau, une belle carte postale représentant la Mise au Tombeau, ou bien une invitation à venir voir la famille — c'est un peu loin, en Seine-Inférieure — et le papa m'envoie en terminant une « cordiale poignée de main ». Braves gens !

([2]) Un de ceux-ci, conduit à Rastatt, à l'hôpital des officiers convalescents (*Erholungsheim*), y écrivit pour son journal de Krotoschin (Silésie polonaise) un long article, où il décrit l'ambulance et parle en termes élogieux des bons soins qu'il y reçut. Il envoya comme merci cet article à la supérieure du couvent.

La journée, cette journée inoubliable du 22 août,
est finie ! Et sur le village naguère tranquille et heureux, mais où la guerre avec ses horreurs a passé,
les ombres de la nuit s'étendent, jetant dans les
âmes une tristesse infinie, indicible, angoissante et
désespérée ! Que deviendrons-nous ? Où donc est
le salut pour nous ?

TOUJOURS L'INCENDIE

Lugubres, les lueurs de l'incendie, qui marche
encore et toujours, et le fracas des maisons qui
s'écroulent, sur un côté du village ! On n'osait ouvertement éteindre le feu, qui heureusement, grâce
à un changement de vent, tomba de lui-même.
Quand je dis *ouvertement*, je veux dire qu'on essaya
bien en quelques endroits d'empêcher le progrès
du feu, et je sais une famille, la famille Oblet, dont
la grange était attenante à une maison en feu, et
qui réussit, avec des seaux jetés discrètement sur
une poutre rougie traversant le mur mitoyen, à
sauver sa maison.

BLESSÉS ALLEMANDS SUR LE CHAMP DE BATAILLE

Au dehors, sur le champ de bataille, on entendait des voix éperdues criant dans la nuit : c'étaient
les blessés, restés sur le sol froid et humide, qui
appelaient, se lamentaient, et mourant de soif

réclamaient de l'eau : *Was-ser ! Was-ser !* Et d'autres cherchant pour leurs blessures une main douce et des soins affectueux, disaient : *Mut-ter ! Mut-ter !* (Mère ! mère !) Quel concert effrayant ! Une troupe d'habitants cachés dans les bois et rentrant chez eux racontèrent qu'ils avaient trouvé les chemins encombrés de blessés ! Ici... là, on trébuchait sur les pauvres malheureux ! Et saisis d'horreur, ils s'étaient hâtés vers le village.

ENTERREMENT

UN CHASSEUR FRANÇAIS RETROUVÉ

Dimanche 23 août. — Toujours des blessés arrivent à l'ambulance. Quelle misère ! Et des morts, il y en a déjà un certain nombre. Le commandant allemand me demanda de venir bénir les deux grandes tombes (¹) remplies de soldats français et allemands enterrés côte à côte, dans l'enclos de la ferme Jubert.

— Nous ne tirerons pas, dit-il, en leur honneur, les salves habituelles, pour ne pas effrayer la population.

---

(1) En 1917, les Allemands réunirent dans une seule tombe ces 43 Français et ces 13 Allemands outre le capitaine allemand Illing, qui reposait dans une tombe isolée ; il y a aussi là exactement 5 civils d'enterrés (Le monument dit : *Zivil, unbekannt.* Civils, nombre inconnu).

Mercredi 26 août. — Encore des blessés ! Le service de l'ambulance continue toujours ; les voitures chargées de paille et de matelas partent pour l'Allemagne. Un détail frappant : on apporte sur une civière un chasseur (du 26ᵉ, de Pont-à-Mousson), retrouvé vivant après cinq jours dans les bois de Joppécourt. Il respire à peine, c'est à tel point que beaucoup le croient mort. On l'éponge, on le ranime, il s'éveille tout doucement... Quelle joie ! On l'entoure. Il est blessé à la tête et à la poitrine. Pour se défendre contre les intempéries, il s'est bien enveloppé dans son manteau. A son cou, on trouve sa plaque d'identité : *André Cimier, Blois,* 394 (¹).

UN AUMONIER MILITAIRE ALLEMAND

Visité, avec M. le curé, un aumônier militaire : il est grand de taille, atteignant presque le plafond de la petite chambre où il est logé ; il porte un manteau d'officier et des bottes ; il est de Coblence ; il n'est pas malheureux : il a à son service deux ordonnances, une voiture à deux chevaux ; il reçoit le joli traitement de 10.000 marks, plus 600 marks pour vêtements. Il nous raconte d'un air convaincu

____

(1) On a raconté aussi l'histoire de ces huit ou dix soldats blessés restés cachés dans les bois et qui pendant dix ou douze jours vécurent de quelques fruits : mûres, noisettes et de l'eau qu'un de leurs camarades, un des moins blessés, allait chercher dans le creux des arbres !

les mêmes histoires que débitent leurs journaux sur les cruels traitements que les Français, en Alsace, font subir à leurs soldats... Ces aumôniers, eux cependant intelligents, sont, chose singulière, les mêmes que leurs soldats, ils ont leur mentalité ; ce sont aussi des Allemands !

VISITE DU CHAMP DE BATAILLE

Je suis autorisé, avec M. le curé de Ville-au-Montois, à visiter le champ de bataille, avec quatre soldats d'escorte. Nous entendons tout à coup : *Wer da!* (Qui vive !) et des soldats, cachés dans les hautes avoines, se montrent. En voyant notre escorte, ils ne disent rien et disparaissent. Sur le champ de bataille, quel spectacle ! Nous allons à travers un chaos de débris de toute sorte, d'armes fracassées, jetées çà et là, et nous voyons nos malheureux soldats épars, dans cette confusion !

Mais c'est surtout le lendemain, je crois, que j'eus une vision plus complète du champ de bataille, et quelle vision lamentable !

ON S'OCCUPE DES MORTS FRANÇAIS
TRISTE SPECTACLE

Le commandant Becker (de Silésie) m'explique que les nombreux Français restés (on n'osait pas

s'occuper de les enterrer et les Allemands ne se
pressaient pas d'y songer) empestent l'air, qu'il y a
danger et qu'il faut les enterrer. La plupart des
hommes étant enfermés dans une grange ou retenus
captifs à Crusnes, *il me faudrait* prendre les jeunes
gens, les femmes et les jeunes filles pour faire ce
travail. Je vais d'abord sur le champ de bataille,
encore mouillé de pluie et au-dessus duquel planent
de sinistres oiseaux de proie, pour choisir les endroits propices. Et nous nous mettons à l'ouvrage.
Mais le sol étant très dur et rempli de pierres
énormes, le travail est trop pénible pour nos faibles
forces. J'envoie un mot au commandant pour lui
dire que cela ne peut aller ainsi, et qu'il veuille
bien nous adjoindre les dix ou douze hommes qui
sont dans la grange de Mme Munier. Alors, sans
consulter ses chefs, et de sa propre autorité, et non
sans se demander anxieusement si la population lui
en saura gré, il fait revenir de Crusnes les trente
hommes qui y sont prisonniers et, à leur retour,
leur enjoint de se mettre à notre disposition. On
formera des escouades, et chacun s'empressera de
son mieux. Le lendemain matin, ordre de se réunir
avec des pelles, des pioches, etc., devant l'église.
Tous sont fidèles à l'appel, bien contents d'être mis
en liberté. Quatre escouades sont formées ; avec
un soldat allemand, excellent Lorrain, de Rombas,
près Metz, Charles Leblanc, qui se charge d'une
tombe, nos hommes, formant les trois autres

escouades, sous la conduite de MM. Émile Humbert, Martin et Mabille (¹), se rendent au champ de bataille, munis de leurs instruments et d'*eau phéniquée*. Un silence impressionnant règne dans toute la plaine, éclairée par un soleil brillant et où reposent ces victimes du devoir. Quel spectacle! Quelle horreur! Dans quel état étaient nos pauvres morts! L'un a le visage déjà boursouflé et violet (Dussaux). Un autre est tout couvert de sang d'une oreille à l'autre! Plus loin, un soldat a la mâchoire fracassée (²); un autre (aspect horrible!) a des vers dans le cou.

------

(1) Que de dévouement montrèrent spécialement ces messieurs! Ce sont eux qui inscrivaient les noms des soldats à mesure qu'on les enterrait et dressaient ces listes précieuses (Voir fin du volume) qui nous ont permis de fixer, à bon escient, les autorités et les familles inquiètes sur le sort de beaucoup de ces malheureux soldats, présumés simplement disparus.

Des Allemands enterrés nous n'avons pas ou seulement très peu de noms; leurs soldats furent très pressés de les enterrer. Ces soldats ont-ils pris les noms? Je ne sais. Bien des familles allemandes, sans nouvelles de leurs disparus, s'inquiétaient douloureusement et demandaient; mais quel moyen de les renseigner? J'entends encore un monsieur :

— Je cherche mon frère partout! Les intendances, les ambulances n'ont rien, rien! Donnez-moi un nom, nommez-moi quelqu'un à qui je puisse m'adresser.

Un autre jour, c'est un général allemand qui cherche l'emplacement d'une tombe. Une autre fois, c'est un monsieur de Dusseldorf, venu en automobile au nom de sa sœur qui avait quatre fils à la guerre, dont l'un devait être tombé à Fillières, mais où? Ce visiteur ne recueillit, après un si long voyage, que quelques données bien vagues, mais (en bon Allemand) il ne voulut pas retourner chez lui, sans voir, comme il disait, l'intéressante « ruine de Longwy ».

(2) Est-ce d'un éclat d'obus? Ou bien... fut-il, comme les gens

Le commandant Beaufils est là, tombé au milieu
de ses hommes, couché sur le dos ; la croix d'honneur brille sur sa poitrine ([1]) ! Là aussi tombèrent

---

du village le croient pour beaucoup de soldats, achevé par les
soldats allemands ?

On me cite le cas d'un sergent blessé, qui se pansait lui-même
à la jambe, assis près d'une haie, sur le chemin qui mène à la fontaine. Du village on vit deux soldats allemands, la crosse en l'air,
se précipiter hors des maisons vers lui, et on entendit le bruit
sourd des coups ! (Ce sergent est enterré à la *Belle-Croix*.) — Le
soldat allemand qui nous accompagnait dit, en voyant un soldat
mort :

— Celui-ci vivait encore hier !

Un blessé français, à l'ambulance, m'a raconté qu'il avait fait le
mort quand il avait vu un revolver braqué sur sa poitrine par un
soldat allemand ! Tous ne furent pas achevés, mais combien le
furent par l'ennemi cruel ? Douloureuse, poignante incertitude ! Qui
sont ces malheureux, qui restèrent là, abandonnés, sans secours
humain, des jours et des nuits en proie à d'atroces souffrances (soif,
désespoir, blessures), pour finir *ainsi*, loin des leurs bien-aimés ? C'est
le secret des bourreaux — et des anges du ciel, qui bénirent ces
héros. — Que penser encore de ce malheureux (soldat ou officier) qu'on
a trouvé pendu à un arbre de la forêt ? Il s'est pendu « de désespoir »,
me disait un interprète pour toute explication (Repose maintenant
tombe W, après avoir été enterré tout seul dans une tombe non loin
de là). — Je dois ajouter que la plupart des soldats avaient les poches
retournées ; il est juste aussi de dire que le commandant Becker,
avant son départ de Fillières, me remit « pour le Gouvernement
français » un grand sac de cuir, rempli d'argent, que j'ai envoyé à
l'excellent colonel Jeanpierre. Mais était-ce tout ? Les Allemands,
après la bataille, montraient dans le village des pièces de 5 francs,
provenant évidemment des morts qu'ils avaient dépouillés.

(1) Je la recueillis précieusement, comme un trésor, ainsi que
son képi, ses carnets de notes sur ses officiers et ses soldats, son
porte-cigares, son porte-cigarettes, et j'ai pu faire parvenir tous ses
chers souvenirs à sa veuve. Il y avait aussi de lui une lettre à sa
femme, écrite la veille de la bataille et où il disait (entre autres)
ces belles paroles d'un héros et d'un martyr :

« Et maintenant je te quitte. Je crois qu'incessamment la bataille
va commencer. Pour *nous*, elle sera épouvantablement dure. Je

les capitaines Mangin, Sabouroux, les lieutenants
Cathala, Cordier; deux lieutenants aussi probablement, M. Rosenfeld et M. de Louvières, celui-
ci marié depuis peu seulement; le jeune Pierre
Barat, Saint-Cyrien, qui avait sur lui une carte du

Pierre BARAT
Saint-Cyrien
(tombe 28).

Capitaine
Louis CHEVALIER
(tombe 4o).

Louis SÉNÉCHAL
Étudiant
(tombe 13-14).

pays, maculée de son sang; presque tous les ser-
gents et une quantité de soldats, étendus par
groupes ou un à un, tachant, des notes rouges et
bleues de leur uniforme, les luzernes vertes, les
grandes avoines ou les chaumes jaunis. Près d'un

---

m'y attends, je m'y suis préparé. Je ne veux plus penser qu'à cela.
J'ai la confiance que derrière nous toutes les forces de la France
pourront se préparer en sécurité et marcher contre l'Allemagne
pour lui infliger l'*irrémédiable défaite,* et je *meurs* sans regret.
Étienne BEAUFILS. » — Le capitaine Chevalier tomba lui aussi; il fut
enterré assez loin du champ de bataille, à côté du chemin, près du
moulin, dans le bois, avec son ordonnance, Léon Mangin. Leur
tombe porte le n° 4o.

tas de blé, j'en vois encore deux, à la figure pâlie et les yeux fermés, qui semblaient dormir doucement, appuyés l'un contre l'autre. L'un était plus âgé, l'autre (il paraissait avoir seize ans) avait encore le fusil dans les mains, il souriait à l'impitoyable

G. Simon
Employé d'imprimerie
(tombe Waldecke).

Sous-Lieutenant
DE LOUVIÈRES
(tombe 29).

mort ! Leurs petites pioches étaient à côté d'eux, dans un sillon à peine ouvert ! Plus loin (au Trou Marchand), le capitaine Lamothe, dont le képi est fracassé, avec les franges d'or froissées, était étendu à demi couché, face à l'ennemi. Les mains fines, délicates et pâlies par la mort, montraient une alliance d'or ; son front semblait nimbé d'une auréole de paix et de gloire (¹) !

____

(1) On a prétendu qu'après on lui trouva un doigt coupé, mais ce n'est pas sûr. Sa sainte dépouille ne devait pas rester intacte dans sa tombe : en 1917, les Allemands l'exhumèrent et le décapitèrent ! La tête séparée du reste du corps resté dans la tombe) fut

Tous ces héros, tous, ils sont là, hélas ! loin des leurs, dans un pays inconnu, dormant de leur dernier sommeil, après le fracas de la bataille, comme les moissonneurs fatigués se reposent après le dur travail. Çà et là gisent des livrets troués de balles ordinaires ou de balles de mitrailleuse ; un livret, tout maculé de boue, contenant un portrait d'enfant (Vesseron) ; une carte postale représentant une joyeuse société d'amis (Simon) ; une lettre avec les adieux d'un soldat à « envoyer en cas de mort » à sa famille, à sa fiancée (l'enveloppe est tachée de sang ; G. Courier).

Vite ! Nous nous mettons à l'ouvrage ! Et quel ouvrage pendant deux jours ! Il fallait soulever ces pauvres morts, et, après s'être couvert le nez et la bouche d'un bandeau, on coupait les courroies du sac, on cherchait le livret, la plaque d'identité, les souvenirs et l'argent, s'il y en avait encore ; on notait les noms, puis sur des civières on portait les morts jusqu'à la fosse qui les attendait, puis on

---

transportée par eux dans un grand monument et là mise avec les Boches qui y étaient. *Ce sort fut celui de nombreux soldats qui avaient été enterrés au Trou Marchand.* — Pendant les travaux d'exhumation (trois mois), des gens du village me disent avoir vu avec horreur quelques-uns des affreux *croque-morts* (ils étaient une quarantaine), revenant tout sales des champs pour dîner, déposer sans façon dans le corridor de la maison et leurs *crocs* (sortes de pioches très tranchantes) et leurs sacs renfermant des *têtes* de nos pauvres soldats ! ! — A cette époque, défense formelle aux habitants de paraître dans les champs. Était-ce pour pouvoir plus facilement dépouiller les morts, comme les gens du village l'affirment ?

les descendait avec respect ; ils sont là quelquefois cinquante et soixante ensemble, sous les tertres que nous arrangeâmes, en plantant des fleurs et des herbes des champs et en les entourant des restes de leurs armes (¹). Cela fait, je bénis les tombes, y répandis un peu d'eau sainte et puis, la tâche funèbre accomplie, nous nous en fûmes au village, aux derniers rayons fulgurants du soleil du soir, illuminant de gloire les vastes champs maintenant silencieux et les tombes de nos héros. Que Dieu ait leur belle âme en paix !

C'est fait, la bataille avec ses émotions et ses péripéties est finie. Nous avons retrouvé un calme relatif, car il y a toujours pour nous de l'incertitude et des alarmes.

---

(1) Exactement, il y a quatre grandes tombes, avec cinq ou six plus petites, où nous avons relevé les noms des soldats. Tout autour du village, il y avait quarante-quatre tombes : tombes françaises, mais aussi quelques tombes allemandes jetées çà et là, avec des indications comme : *15 deutsche Helden !* (15 héros allemands)... *Den Heldentod ruhet ihr Braven... Deutsche Krieger* (Dormez le sommeil des héros, vous braves... guerriers allemands). En 1917, les Allemands exhumèrent les soldats (français ou allemands) des petites tombes isolées, pour les mettre dans une nécropole, avec monument et inscription (Voir fin du volume). J'ai vu une lettre du 13 octobre 1917, où le capitaine Dondorf, de Longwy, écrivait aux autorités allemandes : « Les tombes des Français, pour répondre aux désirs couramment exprimés, n'ont pas été changées de place, et durent aussi être ornées ».

LA « WACHT AM RHEIN » — LES BONS LORRAINS

3o août. — Arrivée depuis Montmédy de soldats
dont les fusils portent des fleurs ; ces troupes partent pour la Russie (?), en chantant la *Wacht am
Rhein*. Est-ce une feinte pour cacher quelque défaite ? Les soldats lorrains, braves garçons, restés
un certain temps au village comme aides-inter-
prètes, postiers, nous quittent pour aller rejoindre
leur corps ; ils sont très peu amis des Allemands
qu'on les entendait maudire en *patois messin,* dans
une chambre contiguë à celle occupée par d'authentiques « héros germains » ([1]).

CONFITURES DE BAR

31 août. — Joli temps. Arrivée de quelques
troupes et du nouveau commandant du village,
M. Illig, professeur à Dresde. M. Becker, qui a été
très bon pour la population, nous quitte. Un petit
détail : ce commandant, un jour qu'on lui vantait,

([1]) Donnons leurs noms : outre Charles Leblanc, le soldat qui
enterra nos morts, c'était Marion et Steff, de Jouy-aux-Arches ;
Lenoir, de Servigny ; Cheilelte, Noiret, qui lui aussi probablement
a enterré nos soldats. Est-ce de deux d'entre eux qu'on a raconté
cette merveilleuse aventure? Chargés d'aller avec une voiture transporter des marchandises, ils se dirigèrent vers les lignes françaises,
se constituèrent prisonniers, et à Xivry, tandis qu'ils étaient occupés
à parlementer, voici des uhlans qui arrivent et attaquent. Nos deux
hommes sont *faits prisonniers*, reconnus et envoyés à Thionville,
d'où on les renvoya au front.

à la table où on lui avait servi de la confiture, la préparation délicate et les qualités supérieures des confitures de Bar, qui semblaient l'intéresser, dit simplement :

— Je verrai là-bas, quand nous *repasserons par ces pays.*

Évidemment après la victoire et après la prise de Paris, auxquelles il croyait fermement, comme tous ses compatriotes du reste. Qu'est-il devenu depuis ces premiers temps de la guerre? Est-il en effet repassé? A-t-il réellement bien goûté, comme il l'espérait, l'excellente confiture de Bar?

UN DEUIL PERSONNEL

Septembre. — Ma mère très âgée, jusque-là intrépide, mais secouée par les derniers événements, est bien faible. Qu'y a-t-il? Et que va-t-elle devenir?

2 septembre. — Elle décline et ne veut plus quitter son lit.

Jeudi 3 septembre. — A 2^{h}30 du matin, elle s'éteint sans souffrance. Je vais dans le village chez des parents et amis pour les avertir. Des soldats, de poste dans la rue, et à qui j'explique ma présence insolite, ne veulent rien croire et, effrayés sans doute des lumières qui vont et viennent dans

la maison, veulent monter dans la chambre funé-
raire. Je suis obligé le lendemain d'aller chez le
commandant expliquer ce dont il s'agit. « Il veut
bien me croire », dit-il — mais enfin ! Que veut-il ?
Croit-il à une mystification ? à quelque réunion mystérieuse de conjurés ? Des soldats français peut-
être ? Je lui demande s'il permet que l'enterrement
se fasse le lendemain, vendredi matin.

— Oui, et je serai là ! (Il ne vint pas et fit bien.)

Vendredi 5 septembre. — Enterrement bien
triste, sans cloche, à 8 heures du matin, où la
population se montre nombreuse et comme toujours très sympathique. Du haut du ciel ma mère
nous regarde... Sa sainte âme veillera toujours
affectueusement sur nous, pour nous protéger,
orphelins, de toute embûche et de tout péril !

VERDUN TOMBÉ ?
DEUX FRANCISCAINS ALLEMANDS

Samedi 6 septembre. — Les Allemands évacuent
le village, et leurs postes partent vers Verdun :
c'est toujours leur but. On entend de ce côté des
coups de canon. Des bruits circulent : *Verdun ist
gefallen* (Verdun est tombé). Est-ce possible ? Et le
Gouvernement français est à Bordeaux. — Deux ou
trois voitures arrivent devant chez les sœurs ; j'aperçois deux Franciscains : ils viennent d'Aix-la-Cha-

pelle, et ils nous expliquent qu'ils vont à Montmédy. Ils s'arrêtèrent, dit-on, en passant, à Ville-
au-Montois, où une bonne dame leur offrit à dîner ;
comme merci, ils pillèrent, eux aussi, à leur façon,
en *emportant les couverts* (??). — M. le curé de
Ville-au-Montois est tracassé : à 2 heures du matin,
on a vu des lumières chez lui ; il est emmené brutalement, puis relâché.

DIRES D'UN JOURNAL ALLEMAND
M. POINCARÉ A PARLÉ

6 septembre. — Un journal allemand nous raconte *que* les Allemands marchent vers Meaux et
Amiens ; Givet et Laon sont pris ; vers Verdun aussi,
dix corps d'armée français ont été repoussés. En
Russie, les Allemands ont fait 90.000 prisonniers.
Les Français ont été très bien reçus à Sarrebourg.
— Un manifeste de Poincaré nous réconforte : « La
victoire finale est assurée ; la guerre continuera,
mais nous serons vainqueurs, car nous avons la
méthode et la volonté. » Mais à quand la victoire ?
A quand la délivrance du cauchemar qui nous
étreint douloureusement dans notre village envahi
et traversé par l'ennemi, qui semble si confiant et
si libre dans ses mouvements !

UN JOURNAL DE LUXEMBOURG :
DÉFAITES ALLEMANDES

Lundi 7 septembre. — Voici un journal du pays de Luxembourg : 12.000 Allemands auraient péri devant Longwy ; seulement 300 Français auraient été faits prisonniers, ayant été les seuls restés au commencement, pour défendre la forteresse, après le départ de leur régiment pour Verdun. Védrines aurait incendié Berlin (c'était un peu prématuré) et Strasbourg. Metz est en feu. Le général Sarrail, ayant voulu faire à Verdun le jeu de Bazaine en 1870, aurait été fusillé par ordre de Joffre...

Que veut dire cela ? Un capitaine allemand revenu au village dit en pleurant :

— Nous n'avons que des défaites (¹). Je ne comprends pas ces mensonges perpétuels que l'on débite et on s'obstine à faire croire que nous n'avons que des victoires !

LE KRONPRINZ SERAIT TUÉ — LE GRAND PONT

Le Kronprinz aurait été tué devant Verdun en plantant un drapeau (!) ; à Fontoy et Hayange, les pavillons sont en berne... (?). Étant allé l'après-midi à Serrouville aux nouvelles, je trouve dans le

______

(1) La Marne (Bataille de).

village 120 Saxons avec le lieutenant-colonel von
Mach. Je parlais avec des soldats logés au presbytère, quand il arrive et me demande de quoi il s'a-
git ; je le lui dis. Aussitôt : *Radfahrer !* (cycliste),
crie-t-il. Le cycliste interrogé répond qu'il n'y a
rien (c'était vrai). — La sœur de M. le curé,
Mlle Moureaux, qu'ils ont reléguée à la chambre à
four, et M. Dupont, instituteur, me disent que de
ces Allemands ils en ont assez. Je le crois. — Les
Allemands veillent bien. Le grand pont du chemin
de fer est gardé militairement. J'avais cru qu'ils
l'avaient fait sauter. Mais non, il est toujours là, le
beau pont de 33 mètres de hauteur, de 200 mètres
de longueur, avec un seul pilier au milieu, enjam-
bant toute la vallée de la Crusne. Peut-être, en l'é-
pargnant, espéraient-ils l'utiliser pour leurs usines
après la victoire finale ?

Mardi 8 septembre. — Village tranquille. — A
Villerupt, pas bien loin, une affiche : *Berlin steht
in Gefahr* (?) (1). Les Allemands sont nombreux à
Esch (Luxembourg) et à Villerupt. — L'Empereur
se serait installé à Luxembourg.

LONGWY EST PRIS

Longwy est pris. Le commandant d'abord, souf-

______

(1) Berlin est en danger.

frant pendant deux jours, n'a donné aucun ordre (?).
Les Allemands ont bombardé la petite ville et puis
se sont avancés en toute confiance pour l'occuper.
Alors le gouverneur les laisse venir, s'engager avec
leurs uniformes de grande tenue, musique en tête,
dans les faubourgs, puis ordonne une décharge formidable, qui les surprend très désagréablement et
leur abat beaucoup d'hommes : 3.000, dit-on.
Longwy fut à la fin occupé par les Allemands
après un bombardement intense de quatre jours (¹);
mais ce n'était plus qu'une ruine, une « carrière »,
comme on disait, où les habitants ne savaient plus
et ne peuvent plus maintenant retrouver leurs maisons. De l'église il reste un pilier, triste débris d'un
si bel édifice gothique !

L'ABBÉ VARY, DE TRIEUX

Mardi 9 septembre. — Canon dans la direction
de Metz. — Le curé de Trieux, l'abbé Vary, mobilisé,
revenant de Longwy où il avait servi d'interprète,
a été autorisé, en récompense, par le général allemand, à rentrer dans sa paroisse et passe par Fillières, où il raconte ses souffrances.

---

(1) Pendant six jours consécutifs les obus plurent. Trois obus de
gros calibre chaque minute. Les habitants, réfugiés avec les soldats
dans les casemates, eurent beaucoup à souffrir; le doyen, M. l'abbé
Rollin, nous est revenu quelque temps après au pays de Nancy, pour
y mourir des suites de cet internement forcé.

Le Gouvernement français vient de s'honorer en lui conférant la croix de guerre.

FRANÇAIS BRULÉS VIFS A DONCOURT

Jeudi 10 septembre. — On dit que les Français occupent une belle situation devant Verdun. Mais, s'ils s'avancent et font reculer les Allemands jusqu'ici, que va devenir le pauvre village? se demande-t-on avec anxiété. Et le reste des maisons épargnées lors de la bataille, ne sera-t-il pas la proie des flammes? — Quelle horrible histoire nous apprenons ! A Doncourt (ce n'est pas très loin de nous), où il y a eu une grande bataille le 22 août, le même jour qu'à Fillières, quarante belles maisons ont été incendiées. En particulier, il y avait là une grange où deux voitures chargées de blessés français (du 151ᵉ et du 152ᵉ d'infanterie et de deux autres régiments), attendaient d'être évacuées ; les uhlans arrivèrent inopinément et, fermant les portes de la grange, y mirent le feu ! Un capitaine blessé, qui avait essayé de s'échapper dans les jardins, fut abattu à coups de fusil. Un vieillard de quatre-vingts ans, bien inoffensif, fut enduit de pétrole, puis mis en feu.

EXODE D'HABITANTS DE MERCY-LE-HAUT

D'un autre côté, en face de Fillières, à Mercy-le-

Haut, grande terreur : vingt personnes se sont en-
fuies, dont Mme Lebrun, Mlle Navel, parentes du
ministre Lebrun, et M. le curé, ont erré dans les
environs de Fontoy et finalement cherché asile à
Rombas et Homécourt.

PERTES ALLEMANDES

Vendredi 12 septembre. — Toutes sortes de nouvelles confuses nous arrivent. Metz aurait capi-
tulé (?). Les Allemands ont perdu, du côté de Verdun, des milliers et des milliers de soldats. « Ah !
cette artillerie française ! » voilà l'ennemie de l'Allemagne, disait un officier. Le 61e régiment n'existe
plus, le 144e régiment d'infanterie allemand n'a
plus qu'un homme restant, Marchal, de Neufchef,
un Lorrain, qui disait plaisamment :

— Voulez-vous voir le régiment ? Regardez-*moi !*

Et peu de temps avant, un des soldats du même
régiment disait :

— Voulez-vous voir de la chair à canon (*Kano-
nenfutter*)? Voilà ! voilà ! ajouta-t-il en montrant
ses camarades.

Il y est resté, lui aussi. — A Aumetz, les Allemands cantonnés ont été pris de panique à ces nouvelles attristantes pour eux et se sont enfuis...

NOS CRAINTES, NOS ENNUIS

Samedi 13 septembre. — On ne veut pas croire les bonnes nouvelles. On craint toujours que les Allemands repoussés, pourchassés, ne mettent le feu au village en repassant. Pourquoi pas la paix tout de suite? C'est le désir même de l'impératrice d'Allemagne (?). Et tenez! Il va falloir encore subir une bataille tout près! A Hussigny, une table tournante vient d'annoncer une bataille future à S... A S? S, c'est *Serrouville,* village voisin, disent nos gens alarmés. *O simplicitas!* — Le commandant de Pierrepont, en attendant, s'occupe de nous. Il donne la permission d'aller dans les champs. Mais interdiction de se réunir dans les maisons. Chacun doit être rentré chez soi à 6 heures (heure allemande), et alors toutes les lumières devront être éteintes.

Dimanche 14 septembre. — Panique : un homme, venu d'Audun-le-Tiche par Errouville, annonce qu'il faut s'attendre le soir à une action entre les Français et les Allemands repoussés de Verdun. Un coup de clairon doit annoncer aux habitants le moment de s'enfuir (?).

UN ANGE AU CIEL

Le petit voisin, Pierre Noirjean, est mort du

croup dans la nuit précédente. Que de tristesse pour sa pauvre mère ! Le père est bien loin, à l'armée. Nous sommes allés voir le petit mort, vêtu de satin blanc, reposant doucement dans son lit ; le chapelet entre les mains, il a l'air d'un ange qui a fermé les yeux à notre monde si malheureux, pour les ouvrir à un autre plus heureux. Fleur charmante, éclose un moment, et qui se ferme quand la tempête fait rage !

INCENDIE A MAINBOTTEL — NOS OTAGES

Ce soir on a aperçu un grand feu à l'ouest, direction de Pierrepont ; on dit que c'est la papeterie de Mainbottel qui flambe ! — Deux gendarmes de Mercy-le-Bas viennent aux informations : il s'agit de relâcher nos otages prisonniers à Thionville ; on demande 5oo francs pour cela.

FUSILLÉS A LONGUYON — A MORFONTAINE
CONFIANCE !

Mardi 15 septembre. — Nous avons des nouvelles de Longuyon, où le curé et son vicaire, M. Braux et M. Persyn, ont été fusillés par les Allemands. Fusillé aussi, le curé de Cutry, abbé Robert, porteur, dit-on, d'un revolver pris par précaution. A Morfontaine, l'église est brûlée ;

deux statues seulement (dont celle de Jeanne d'Arc)
ont échappé et, toutes sereines, s'élèvent au milieu
de l'amas de ruines. A Fresnoy, l'église aussi est
en ruines ; là, cinquante personnes, dont surtout les
jeunes gens qui devaient partir pour le service, ont
été fusillées. Voilà des nouvelles qui nous attristent
et nous font craindre. Heureusement, paraît-il, il est
arrivé au-dessus de Villerupt un aéroplane français
qui a laissé tomber un journal, avec ces mots en
grosses lettres : « Courage, confiance ! Nous les te-
nons où nous voulions », c'est-à-dire à Compiègne,
d'où nos convoyeurs partis avec les Allemands re-
viennent. — Deux jeunes soldats d'ici, E. Munier
et Labarre, faisant partie de la garnison de Longwy,
sont prisonniers.

DU COTÉ DE VERDUN

Mercredi 16 septembre. — Violente canonnade
de Verdun. Nous apercevons trois ballons captifs,
d'où le soir partent des signaux lumineux. C'est
près du fort Saint-Michel, le fort le plus rapproché
de nous ; sur les pentes, des fumées blanches indi-
quent la lutte d'artillerie. C'est bien près, bien
près. Peut-être que repoussés, ils vont nous arriver, et alors... Toujours ce triste refrain ! Toujours
la même angoisse ! — Les trains de la ligne Joppécourt remontent vers l'Allemagne, pleins de
blessés.

A THIONVILLE — PROCLAMATION A HAYANGE

Vendredi 18-jeudi 24 septembre. — Retour de nos compatriotes otages à Thionville, où le régime a été dur pour eux. Ils ont été insultés par la populace ; des enfants mêmes, excités, criaient après eux :

— Sales Français, vous avez tiré sur nos troupes !

Et, s'acharnant à coups de pied, ils cassent une jambe à un des nôtres.

A Hayange, une proclamation a été affichée : « L'Allemagne donnera à la guerre jusqu'au dernier homme, jusqu'au dernier cheval ! » Qu'est-il arrivé ? Partout, là-bas, on raconte que les Allemands ont subi des échecs, ont été repoussés de devant Verdun (¹) et déjà les vieux Lorrains se réjouissent en secret et, sans oser trop y croire, entrevoient le moment heureux de leur retour tant souhaité à la France !

ÉCHECS ALLEMANDS

Les pourparlers pour la paix seraient engagés (!). Cependant les Allemands entassent des troupes à Thil, Tiercelet et Villerupt, à Longuyon, d'où elles partiraient pour Châlons. Du reste, ils ont résisté,

---

(1) C'était vrai. Les Allemands avaient dû reculer devant Verdun, dans l'Argonne et près d'Arras.

dit-on, du côté de Metz et repoussé les Français
jusqu'à *Nancy* (!), qui serait évacué et où la rue de
Metz ne serait qu'un amas de ruines. — On voit
l'état des esprits : espérances et toujours craintes.
Mais on veut croire que les affaires tournent mal
pour les Allemands ; déjà le commandant de Villerupt, dit-on, se tient prêt à partir. Les Bavarois à
Pierrepont sont découragés : ils ont levé la crosse
en l'air, en signe de reddition, en disant :

— Ah ! les Prussiens, qu'est-ce que ça leur fait
de nous voir malheureux ? D'eux nous n'aurons pas
même un merci !

Et de peur que les soldats d'ici ne s'exci-
tent, les officiers ont demandé à M. Gilson de ne
pas donner d'eau-de-vie, mais de la cacher. Du
reste, ici, ils font silence ou se parlent à mi-voix.
A la gare, les soldats se préparent à partir, mais
pour où donc ?

L'INTRIGANTE ANGLETERRE

Une automobile allemande s'arrête sur la place
de l'Église. Que veut ce monsieur qui en sort ? Il me
raconte qu'il vient de Dusseldorf, à la recherche
d'un soldat qui serait passé par l'ambulance de Fillières. Sa sœur est désolée de n'avoir pas de nouvelles. Elle a encore trois fils à la guerre et en est
malheureuse.

— C'est l'Angleterre, dit-il, qui par ses intrigues

(*Umtriebe*) a déchaîné cette guerre, qui ne finit pas. On est furieux en Allemagne.

Et pour se remettre l'esprit, ce bon Allemand demande le chemin de Longwy, par où il veut passer, pour voir des « ruines », avant de rentrer par le Luxembourg en Allemagne !

LA PRUSSE EST « FICHUE »
PRISE DE SERROUVILLE

Vendredi 25-mercredi 30 septembre. — Leur journal du 24 raconte que Wetterlé est à Bordeaux et le traite de *Hochverräter* (traître à la patrie). Les soldats à Ville-au-Montois ont demandé à deux reprises si l'on n'a pas vu de Français. Dans huit jours, disent-ils, ce sera bien changé ! Un employé déclare que la Prusse est *fichue !* Que se passe-t-il donc ?

M. Cordonnier reçoit la visite de deux soldats qui l'emmènent en automobile, afin qu'il puisse réclamer contre des soldats qui l'ont *volé*. — Un journal allemand raconte aux bonnes gens de Poméranie la prise du village voisin de Serrouville (500 habitants) qu'ils appellent une ville de 12.000 habitants, défendue par trois forts, dont le « Moulin de Grassoye » et la « Cabane des douaniers » !

DU BLUFF — VERDUN, JAMAIS !

Ah ! oui, ils sont contents, et cette fois se prennent
à espérer et à bluffer encore.

— Madame, disait un officier chez notre voisin,
notre grand empire mondial ne peut périr !

Et pour célébrer sa gloire, des soldats viennent
nous demander du vin ! D'autres sont moins con-
fiants. On leur demande :

— Et la prise de Verdun, où en est-elle ?

— Ah ! nous tous, kaput !

Et un autre de dire mélancoliquement :

— Chefs, toujours dire Verdun, et Verdun
jamais !

L'aviateur français Aubry vient de passer au-
dessus de Villerupt, et a lancé des feuilles, où on
lisait : « Allemands en retraite sur toute la ligne ! »

SOLLICITUDE DU PRÉFET DE THIONVILLE
« EUX, DICTATEURS ! »

Cependant les Allemands sont bons et soucieux
de nos intérêts. Le préfet de Thionville fait afficher
une proclamation : il veut s'inquiéter de nous.
Que l'on ait confiance en lui ! Il viendra en personne s'informer des dégâts de la guerre, fournira
des vivres, demande aux autorités d'être à leur
poste et de veiller sur la population. Que les gens

fassent leur moisson, ensemencent sans crainte.
Une société du reste viendra les aider à battre les
récoltes (?). Un peu plus tard, ce sont deux
inspecteurs des forêts, qui, *très bons* aussi, demandent à voir les coupes de bois, pour les
administrer et... (sans doute) les prendre sous leur
protection (?). Aussi interdiction d'enlever les
arbres abattus.

Nous sommes bel et bien entre leurs griffes.
Une ordonnance porte ce titre suggestif : *Kaiser-
liche Zivilverwaltung Belgiens* ([1]). Je crois que
nous faisons partie de la Belgique annexée, ou terre
d'Empire, et les arrêtés sont en trois langues (français, allemand, flamand).

Dans un village proche, à Trieux, un chef disait :
— Ici, nous sommes... *dictateurs*.
C'était bien vrai.

« IL N'Y A PLUS D'ÉTAT »

Quelque temps après, ils s'occupent de l'école.
Mlle Blondeau, institutrice à Ville-au-Montois, le
devient à Fillières et montre pour les enfants,
privés d'enseignement depuis le commencement de
la guerre, un très généreux dévouement. Un officier allemand s'inquiétait près d'elle du rétablisse-
ment de l'école.

([1]) Administration impériale civile de Belgique.

— Que faisiez-vous ?

— J'étais institutrice à Ville-au-Montois, et il ne me serait pas désagréable de reprendre mes leçons.

— Mais qui vous payait ?

— L'État.

— Mademoiselle, *il n'y a plus d'État*.

Il aurait dû ajouter : l'État, c'est *nous !* et c'était bien vrai, hélas ! ils étaient maîtres et chefs tout-puissants de notre malheureux pays.

LA « GAZETTE DE LORRAINE » CHEZ NOUS
KAPUT ! KAPUT !

Octobre. Troisième mois d'occupation ! *1ᵉʳ octobre-3 octobre*. — La *Gazette de Lorraine* de Metz nous apporte *ses* nouvelles : Paris se vide ; Poincaré est à Bordeaux et a protesté contre le bombardement de Reims. Rien de nouveau à l'ouest (?). Les Français ayant essayé de tourner nos troupes, ont échoué... Notre aile droite, très attaquée sur l'Aisne, a bien résisté. Quant à Verdun (toujours ce Verdun reste pour eux imprenable), notre canon monstre (42ᶜᵐ) va tonner contre la ville, et on verra bien ! — Et cependant, malgré ces jactances, leurs canons brisés passent à la gare de Joppécourt, puis à travers le village passe une automobile avec un cercueil recouvert d'une gerbe de fleurs... Les ambulances venant de Châlons transportent 1.000 blessés vers Thionville.

Les téléphonistes de Ville-au-Montois renseignés répétaient : « Kaput! Kaput! Beaucoup! » Tout ne va donc pas si brillamment. — Une dépêche (?) française vient d'annoncer que les Allemands ont été repoussés jusqu'à Rethel sur toute la ligne.

Un commandant de Villers-la-Montagne, qui a eu son fils tué, se désole :

— A quoi bon l'Allemagne s'obstine-t-elle donc à lutter?

Et ils doutent.

— *Si* l'Allemagne gagne, disait l'un, vos bons valables (ils donnaient des bons de fourniture), vous serez payés ; si c'est la France, vous pouvez les brûler (?).

BENOIT XV

Au milieu de cette guerre désolante qui ne finit pas, une parole de paix nous arrive, comme un rayon de soleil au milieu des noirs nuages de la tempête. L'Encyclique de Benoît XV a été publiée : « Assez de sang versé, dit le Souverain Pontife. Concluez la paix. » Cette bonne parole sera-t-elle entendue ?

LES PIGEONS RÉQUISITIONNÉS

Ordre aux habitants d'apporter chez M. le maire les têtes des pigeons de la localité. « Ces pigeons peuvent très bien servir comme ailleurs à transporter des dépêches. » On obéit, et quelques habitants, n'ayant pas compris, ne donnent pas seulement les têtes, mais les bêtes tout entières, qui font la joie des soldats de la gare! Ces malheureux pigeons, cause de tout le mal, font qu'à Villers-la-Montagne les Allemands sont *obligés* de sévir.

Le notaire, M. Oudart, le curé, M. l'abbé Leclère, le Dr Haut, M. Lenôtre et l'adjoint ont été emmenés comme otages en Allemagne.

5 octobre-8 octobre. — Les journaux allemands nous annoncent l'élection d'un nouveau pape, Benoît XV, et nous avons, de par un diocèse voisin, le texte d'une belle prière, composée par lui, pour la conclusion si désirée de la paix : c'est un réconfort au milieu des horreurs de cette guerre et une douce espérance.

NOUVELLES DE NANCY

Des nouvelles de Nancy aussi : une gravure d'une revue allemande humoristique représente quatre officiers français sur une place publique à Nancy; un d'entre eux est en train d'aiguiser son épée, et dit qu'il va « séparer l'Alsace-Lorraine de l'Allemagne ». Cet officier, qui paraissait si ridicule en Allemagne, avait-il cependant donc si tort? De quel côté sont les rieurs à l'heure actuelle?

ESPOIR! TOUT VA BIEN

Que s'est-il passé à Meaux? à Châlons? On ne parle, d'après une dépêche arrivée à Villerupt, que de défaites et de reculades pour les Allemands. Ils ont 150.000 tués, 40.000 blessés ; à Châlons, dans deux jours de bataille, 20.000 morts, 50.000 blessés, 20.000 prisonniers; ils ont reculé jusqu'à Rethel et également devant Verdun ; aussi, pour rétablir les affaires, les trains passent et passent (7 à 10 par jour) bondés de soldats allemands; à Villerupt, sont arrivés 6.000 réservistes, qui vont vers Longwy. Un Alsacien, soldat allemand, révèle que tout va très bien pour les Français et que le peuple en Allemagne demande la paix. Il y a eu une bataille à Pont-à-Mousson ; les morts allemands sont entassés « haut comme moi », dit un officier allemand.

— Les Allemands n'ont pu arriver à Nancy, ils ont été repoussés deux fois par le fort de Frouard (?).

— Un général allemand aurait dit à Mme Mérot, de Fontoy :

— Madame, vous redeviendrez Française (*sic*). Nous n'avons que des défaites!

Voilà de bonnes nouvelles, qui nous réconfortent. Ce qui nous confirme dans nos espérances, c'est l'annonce du commandant d'ici. Après avoir défendu de faire des attroupements, il fait défense de parler des *vaincus* et des *morts !* De leurs morts et de leurs vaincus évidemment. Alors... il y a quelque chose de vrai ?

DÉFAITES ET SONNERIES DE CLOCHES

9 octobre-13 octobre. — Toujours des aveux des Allemands.

— A Stenay nous avons *reçu* une défaite, dit un Alsacien de passage.

Un capitaine allemand est arrivé à Bazailles, sans cheval.

— Moi vouloir aller à Fontoy ! Donner beaucoup d'argent ! moi kaput !

Effaré, il répète : kaput ! - - Un soldat :

— Les chefs dire : Du courage ! Du courage ! Et tous les camarades — kaput !

Et cependant, est-ce pour célébrer leurs victoires (ou dissimuler leurs défaites), qu'ils font aujourd'hui sonner les cloches à Fontoy jusqu'avant dans la nuit ? On a pavoisé à Thionville, à Luxembourg, où réside l'Empereur. Nous apprenons qu'il s'agit de la fête de la reine de Wurtemberg ! Chaque soldat a reçu trois cigares, une demi-bouteille de vin, du chocolat, etc... A Pierrepont, où la garnison a été renforcée de 50 hommes, le commandant, malgré les événements *heureux*, se fait garder, se couche tout habillé, et a fait ménager à sa maison, pour le cas d'attaque brusquée, une porte secrète de sortie ! Les Français vont donc venir? — Un M. Petit, d'Herserange, demandant un laissez-passer :

— Quoi? lui dit l'employé. Nous ne donnons plus de *Pass*, les Français vont venir !

LE CHEVAL DE VERDUN

Donc cela va mal pour eux, ils subissent la défaite et recueillent la moquerie : tenez! près de Verdun, que les Allemands assiègent en vain, les Français avaient dressé un cheval en carton, avec à côté de lui une botte de foin. Les Allemands accoururent et lurent cette inscription : « Quand ce cheval mangera ce foin, vous aurez Verdun ! » Voilà. On a bien ri à Fillières.

Les Allemands sont tristes. Il leur faut de la consolation : perquisition dans les caves pour y chercher le vin qui y est encore et dont ils ne tardent pas à ressentir les effets.

ON ENTERRE DEUX SOLDATS RETROUVÉS

Dimanche 18 octobre. — On vient d'enterrer le soldat français Gaborit, de Fontenay-le-Comte, trouvé dans une grange aux murs calcinés par l'incendie. J'ai reçu la plaque d'identité de ce soldat, que sa mère a ensuite réclamée de là-bas. Le commandant de la gare, avec quelques hommes, est venu, de son côté, enterrer un Allemand resté

exposé depuis le 22 août aux intempéries, au milieu des champs d'avoine. Ce soldat, du nom
de Stauber, était d'Essen (166ᵉ régiment d'infanterie). On a pu avoir son livret (*Soldbuch*) et sa
plaque d'identité (*Erkennungszeichen*), que les
hommes, tous la pipe à la bouche, retirèrent du cadavre putréfié. — Le major allemand Weber avait
été enterré au Moulin-aux-Bois; sa femme, avec une
autre dame, est venue en auto visiter la tombe et a
été heureuse de voir que cette tombe n'était pas
laissée sans soin, car à côté de son mari reposait un
lieutenant français, Rollet, avec son ordonnance,
Aubert, dont la tombe était bien ornée de fleurs.

L'EMPEREUR EST PASSÉ !

J'ai fait le tour du champ de bataille avec une
escouade de soldats allemands, chargés de relever
les inscriptions des tombes de nos soldats, et je
leur ai demandé ensuite si la nouvelle répandue
dans le village était vraie. Hier, à 3 heures, l'Empereur est passé à travers le village dans une
grande automobile blanche, suivie de deux autres,
remplies de généraux et, en plus, de soldats avec
le fusil chargé. Le sergent, pour toute réponse,
me dit :

— *Wissen Sie das bestimmt?* (Savez-vous cela
d'une façon sûre ?)

Ce fut tout... Or, quelques jours après, effectivement, il était dans nos contrées ; il avait visité à Beuveille, avec le Kronprinz, une famille C..., dont la jeune fille avait eu la simplicité de se laisser photographier avec ces Allemands ! L'Empereur, en plus, avait adressé à la population un discours, pour l'engager à se tenir en paix.

Mais la guerre fait toujours rage : à la gare, on a vu passer trois trains de *morts*, ramenés en Allemagne, pour les brûler, dit-on. Et le canon toujours gronde vers Verdun. Un dirigeable en serait venu, lequel aurait laissé tomber une bombe. Les Allemands aussitôt auraient tiré dessus et toute la nuit ils l'ont cherché dans les buissons, où ils le supposaient tombé...

UNE BATAILLE S'ANNONCE

Dimanche 18 octobre-25 octobre. — Les postes de surveillance sont renforcés : à Serrouville, 120 soldats ; à Errouville, à Tiercelet, 60 soldats. Ici, nous voyons aussi de nouveaux soldats à la gare toute proche. Les Allemands tiennent à s'assurer des populations, en cas d'attaque. On dit qu'une grande bataille se prépare sur l'Aisne. Les Français peuvent arriver. Une dame effarée, arrivée de Longuyon, nous annonce qu'une nouvelle bataille va se livrer. On nous dit que ça va se précipiter. Toute la guerre sera finie le 27. Cela irait donc si mal pour les Allemands ?

Sept trains de blessés viennent de passer à la gare, remontant vers Audun et l'Allemagne. Des autos passent de temps en temps avec des cercueils ; aussi des trains avec des canons brisés.

VISITE DE REPORTERS ÉTRANGERS

Qu'est-ce que ces cinq ou six automobiles militaires stationnant sur la place de l'Église ? Nous apercevons deux officiers allemands, puis des civils qui en descendent. Je vais voir. Ce sont des reporters de journaux étrangers qui visitent le pays : trois Américains, un Italien, un Hollandais, un Suisse. Ils visitent l'église, ils ont déjà vu les maisons en ruine, en haut du village ; ils viennent de voir le pauvre village d'Audun-le-Roman entièrement détruit.

— *It is very sad,* me dit un Américain. *Were the Germans bad to the population?*

— *Our people are very peaceful* (¹), lui fis-je.

Et eux, après avoir pris des photographies, de se remettre en route vers Longuyou. Sur toute leur route, ils en verront, des ruines !

— Mais, demandaient-ils, qui paiera tout cela ?

Et un des deux officiers, leurs guides, disait avec vérité, mais sans s'en douter :

— Ce sera triste pour celui qui perdra : la France, ou *plutôt* l'Allemagne !

---

(1) C'est très triste... Les Allemands ont-ils été méchants pour la population ? — Nos gens sont très pacifiques.

DÉFENSE DE... — ORDRE DE...

Annonces diverses faites à la population. On réquisitionne dix matelas pour les blessés. Défense de vendre du lait, du bétail, des planches, des fils de fer, des pièces de bois à l'extérieur. Défense de conserver quelque chose ayant appartenu aux soldats, soit français, soit allemands, sous peine d'être fusillé ou mis en forteresse. Ordre de « faire la révérence aux soldats ». Ordre, pour les hommes de seize à quarante-cinq ans, de se présenter samedi prochain, à 8 heures, pour être passés en revue et répondre à l'appel; sinon, ils seront fusillés! Défense d'aller à Longuyon. — Il y a là beaucoup de troupes, paraît-il. A Longwy-Bas, il y a dans un hôtel jusqu'à vingt-cinq généraux!

RÉGION DE BRIEY, ETC.

Quelques nouvelles de Briey, etc. A Jœuf, il y a eu une troisième bataille. Le maire d'Homécourt, M. Hottier, et le curé, M. Varin, ont été emmenés en Allemagne. L'abbé Vouaux, professeur à la Malgrange, a été fusillé à Jarny. Plus loin, c'est Pont-à-Mousson qui a été détruit comme Longwy (?). — Mais on veut espérer toujours : Joffre est là! Il vient d'être nommé maréchal de France, pour ses services et sa belle conduite à l'armée française, à laquelle il avait su épargner des pertes terribles.

DES NOUVELLES — ALERTE CHEZ LES ALLEMANDS

Dimanche 25 octobre-1ᵉʳ novembre. — Leurs journaux nous disent des choses singulières : « Nancy a eu la visite d'un aéroplane, qui a jeté trois bombes sur la gare. » L'Empereur se plaint qu'« il y a des déserteurs ». — On dit *que* les Indiens ont débarqué à Marseille (50.000) ; encore un péril pour les Allemands.

De nos côtés, ils font des retranchements à la gare de Joppécourt, les soldats font des amas de traverses vers Pierrepont ; Landres aussi, où il y a eu soixante-trois maisons et l'église incendiées, est changé en camp de retranchement ; à Joppécourt, où il est interdit désormais d'aller, on démolit des murs de jardin pour en faire des abris. — Et toujours le canon gronde par là-bas ! Il y a eu une bataille à Nouillonpont, près de Spincourt, et les Allemands auraient été repoussés ; c'est alors qu'un capitaine aurait dit que l'artillerie française était « bien ingracieuse pour leurs troupes », tandis que, ajoutait-il d'un ton dédaigneux, « l'infanterie française n'est pas grand'chose ». Il cherche à se consoler. Cela n'empêche qu'à Pierrepont les Allemands ont eu, comme on disait, un fameux quart d'heure d'angoisse, et qu'à Longwy, un soldat découragé dit à son officier :

— Je ne marche pas ! j'ai sept enfants à la maison, vous ferez de moi ce que vous voudrez.

Et l'officier ne répondit rien.

Cela n'empêche pas non plus qu'à Villerupt, il y eut émoi parmi les Allemands et que défense formelle fut de passer la frontière pour aller en Allemagne, de peur que là on n'apprît les mauvaises nouvelles ! Et l'Empereur (disait-on) de répéter :

— Il me faut Verdun ! Il me faut Verdun, coûte que coûte !

Tandis que la France, elle, ne prodiguait pas le sang de ses enfants, les réservant toujours.

A Fillières, nous avons des nouvelles de nos soldats : un certain nombre sont prisonniers, les uns à Ohrdruf (Gotha), à Kœnigsbruck (Saxe), à Ulm, à Zossen (près Berlin), à Schweinfurt. Qu'ils doivent souffrir !

UNE ALERTE

Une alerte nous met en émoi. A 8 heures du soir, on entend dans la direction de la gare des cris, puis des coups de clairon. « Ah ! » disent quelques-uns. « S'en iraient-ils ? Voici peut-être les Français qui les attaquent ! » Serait-ce la délivrance ? Quelle joie ! Hélas ! cette joie ne dura pas longtemps ! Rien ne vint. Le lendemain, nous apprenions que les soldats allemands, comme ils ont dit, avaient voulu simplement s'amuser entre eux ! Et la triste réalité nous restait toujours, toujours aussi poignante !

Samedi soir. — Le canon tonne avec force, on entend la fusillade; des boulets rouges montent dans l'air, puis éclatent...

ALLEMANDS BATTUS

Dimanche 1ᵉʳ-lundi2 novembre. — Toujours le canon, très fort, direction de Verdun, effarant par moments, si fort qu'on se croirait tout près. Et c'était une bataille. Les Allemands ont dit : « Nous avons été battus, puis repoussés. » Ils sont furieux à Longwy, à Longuyon : « Les Français seront bientôt ici. Nous les avons sur les talons ! Nous sommes fatigués, à bout. » Puis on parle de rébellions dans l'armée allemande... Toutes ces nouvelles, plus un beau soleil de novembre, nous mettent en joie. Même, nous avons de bonnes nouvelles de *Nancy* : elles sont venues par la Croix-Rouge de Genève : « Nancy est bien tranquille, comme s'il n'y avait pas de guerre ! » Quelle différence avec ce qu'on nous avait raconté quelque temps avant !

UNE PETITE HISTOIRE

Encore une petite histoire vraie, amusante, qui circule : un capitaine français, Aubry, abat quatre officiers allemands et, ayant revêtu un uniforme allemand, entre en automobile dans Longwy, examine la ville, puis repart tranquillement, après

avoir laissé ce mot aux autorités allemandes :
« Si vous voulez prendre Verdun, envoyez encore
beaucoup de troupes, Capitaine Verdun. » Il a été
soupçonné cependant un moment, et quatre autos,
mises sur ses traces, le poursuivent rapidement
jusque vers Verdun, où elles sont capturées avec
leurs occupants !

QUELQUE CHOSE EN L'AIR

Mardi 3 novembre-10 novembre. — Il y a toujours quelque chose en l'air ! Ils sont toujours
furieux, découragés ! Décidément, cela ne marche
pas pour eux.

— Madame », disait un colonel allemand à Fontoy, réjouissez-vous, vous embrasserez vos fils
bientôt !

Puis leur ravitaillement est défectueux : *Kein
Brot!* disaient les gardiens du pont de Serrouville.
« Il paraît que les Anglais ont coulé six vaisseaux
de provisions destinées à l'Allemagne », disait-on
à des femmes qui allaient à Aumetz chercher des
provisions. « Demandez-en à *vos* Anglais ! » — Ils
cherchent ici des provisions : on a dénombré les
porcs ; on va réquisitionner les chevaux. Nous
sommes restreints : plus ici de produits d'Alsace-
Lorraine, tels que le pétrole. Pourquoi demandent-
ils qu'on leur remette les bons délivrés par les
autorités allemandes ? — Et qui paiera ? — Ah !

disent-ils, c'est Poincaré. — Poincaré ! Il est rentré de Bordeaux à Paris avec son Gouvernement, et la guerre sera poussée, disent les journaux. — Par contre, des wagons lourds, chargés de minerai de Belgique, remontent vers Audun. Et ce sera plus vite fini qu'on ne le croit, nous dit-on. Le drapeau français déjà flotte à Longuyon. — Et les Allemands ? Ils semblent préoccupés. Toujours Verdun (pour en finir ?) ou le Nord, voilà le but de leurs dernières tentatives. Leurs *Brummer* ou gros canons sont arrivés. Puis deux trains de troupes passent encore à la gare. Les soldats de garde à Serrouville sont partis, furieux, direction de Briey et Verdun. — Mais qu'est-ce que ces cent hommes, qui sur des voitures traversent en chantant le village, se dirigeant vers Aumetz et où ? « Contre les Russes », disent-ils. Et il y a donc encore de ce côté-là de nouveaux ennemis à combattre et à exterminer.

PROPHÉTIES INTERDITES

Annonce singulière du commandant du village : « Défense aux habitants, sous peine de dix ans de travaux forcés, de lire et de conserver » (devinez quoi ?) « les prophéties de Mme de Thèbes, la devineresse, et du Dr Papus ! » Les habitants qui ne connaissaient pas ces prophéties s'empressèrent de les chercher, de les lire, et de les conserver en les cachant, jusque dans leurs bas. Ces intéressantes prophéties renfermaient l'annonce de la défaite des Allemands, et le renversement de la maison de Hohenzollern, dont tous les biens réunis pourraient tenir sous un poirier ! Évidemment, il y avait dans ces prophéties de quoi constituer un crime de lèse-majesté, que des autorités qui se respectent ne devaient pas laisser impuni.

VISITE DE DEUX SILÉSIENS

J'ai eu la visite de deux Silésiens, le père M. Beer, grand entrepreneur, habitant Hirsch-berg, et sa fille. Après un voyage de quatre jours de suite, ils viennent visiter la tombe d'un des leurs, tombé à Fillières, et enterré dans l'enclos de la ferme Jubert. Que de larmes et que de cris ! La jeune fille, se jetant à genoux sur la tombe, se lamentait pitoyablement, attirant de ce côté les gens qui travaillaient dans les jardins ! Le père, plus résigné, me disait sans cesse le refrain si connu :

— *Oh ! der Krieg ! England hat den Krieg heraufbeschworen ! Unser Kaiser ist friedlie-bend* ([1]).

A propos de tombes, je suis allé bien loin dans la plaine, au lieu dit « Trou des Poules », où, paraît-il, était enterré un soldat français, *qui se serait pendu,* pour ne pas tomber entre les mains des

[1] Oh ! la guerre. C'est l'Angleterre qui a suscité la guerre ! Notre Empereur aime tant la paix !

Allemands (?), mais je n'ai rien trouvé. Il y a bien,
au Fond Saint-Martin, près du chemin qui conduit
à la gare (Voir plan), la tombe d'un Français qui
fut trouvé pendu à un arbre du bois voisin. L'interprète, que j'interrogeais à ce sujet, me répondit
que ce soldat « s'était lui-même pendu... par désespoir » (?).

TRISTESSE CHEZ LES ALLEMANDS

Mercredi 11 novembre. — Décidément *les Allemands sont tristes!* On n'entend plus parler que de
défaites, de pertes effroyables. Des femmes d'Aumetz, venues ici, montrent, en pleurant à chaudes
larmes, des lettres de leurs maris à la guerre. L'un
disait : « On a peur à tout instant de voir sa dernière heure arriver. Les obus éclatent, éclatent !
Les pères de famille sont tombés ! Les jeunes gens,
tous sont fauchés ! » Et une photographie (comment
avait-elle échappé à la censure ?) montrait un champ
de bataille tout jonché de cadavres! « Tu ne me re-
verras plus », disait à sa femme désespérée un soldat
revenu en permission à Aumetz, et repartant pour
son régiment. « Je vous le dis, ils se *ressauvent,*
mais en se cachant », disait en secret un soldat lorrain. « Nous ne devons rien dire, sinon on serait
ligoté et exécuté! » — « Je n'y vais plus », disait
un officier à Villers, « dussé-je être *fusillé!* » —
« Nous sommes perdus. On nous conduit à la bou-

chérie. » Que se passe-t-il donc? A Verdun ou dans le Nord ? Et les trains de passer, chargés de munitions.

Un autre indice de la mauvaise marche de leurs affaires, ce sont les annonces faites aux habitants du pays : Livrer les armes et effets de soldats, sous peine d'être fusillé. Être bon pour les troupes *ennemies* (c'est-à-dire eux). — Grande revue des hommes à 1 heure. Mis à part dix-neuf, les plus valides (et partant les plus dangereux). Livrer les bicyclettes. Défense de donner asile à l'ennemi, de lui donner à manger, de lui fournir des habits civils (aux espions français déguisés, s'entend). — Puis ces bruits tendancieux qui courent sur la marche, sur l'avance des Français : le général français Lecomte est arrivé tout près, entre Pierrepont et Joppécourt. « Mes enfants, aurait-il dit à ses soldats, je rectifie les positions, et qu'il n'y *en* ait plus d'ici à dimanche ! » Jusqu'à une *pythonisse* de Longwy qui leur annonce : « Vous ne serez plus ici le 18, c'est sûr; si ce n'est pas vrai, fusillez-moi. » Il y avait de quoi faire réfléchir et trembler les Allemands toujours aux aguets, toujours soupçonneux et toujours intraitables sur ces questions.

INVASION DES BARBARES

Voyez un peu cet instituteur des environs, qui avait fait un journal de guerre, et sur la première page avait mis ce titre irrespectueux : *Invasion des Barbares*. C'était une imprudence de sa part, et il le vit bien : emmenés en Allemagne, lui, sa femme et son fils.

Le temps s'est mis au triste. Une pluie affreuse tombe, mêlée de neige. Il fait si froid ! — Et cependant les Allemands restent toujours ici. Quelques-uns affectent d'être tranquilles, *vainqueurs*. Un train passe : du feuillage partout. Un mannequin, en soldat français, pendille à un wagon.

RÉQUISITIONS

Et ils s'affirment bien les maîtres de la population désarmée : ordre de fournir la liste des machines agricoles, la liste des poules, des oies, etc. Les propriétaires doivent fournir, en tout, pour mardi prochain, 20 quintaux (blé, avoine). Imposition très dure (en or et argent) : quelques villages sont taxés et doivent, tous ensemble, livrer 250.000 francs, que M. Raty, de Saulnes, imploré, a bien voulu prêter et est allé chercher à Luxembourg. « Vous êtes riches », avait dit le commandant allemand, « vous avez des bois. Vous avez dix minutes pour répondre ! »

Expulsion de quelques *étrangers* de l'Alsace-Lorraine : Anglais, Français, etc. Les uns sont emmenés en Allemagne, à Trèves. Cent quarante-six personnes sont expulsées d'Audun-le-Tiche : M. Bour-

geois, malgré son grand âge, est obligé de partir
et rentre à Fillières avec ses deux filles institu-
trices.

VILLE-AU-MONTOIS RAVAGÉ

Je fais une visite à *Ville-au-Montois,* à quelque
distance de Fillières. Quel spectacle, grand Dieu !
Et comme le pauvre village a été maltraité ! La
grand'rue, ce n'est qu'une suite de maisons
ruinées, lézardées, rougies par la flamme. La
maison de M. Zabé, serrurier, avec ses grandes
dépendances (atelier, etc.), fait mal à voir ! L'école
des filles, un beau et vaste monument, a été
incendiée. Près de l'église seulement, et à l'entrée
du village, quelques maisons subsistent, l'école de
garçons, où M. Noirjean a réuni garçons et filles et
bravement s'est mis à faire la classe. Dans le cimetière il y a 100 à 150 Allemands enterrés. Le presbytère subsiste encore et a été préservé de l'incendie par l'excellent curé, M. Jean, qui, caché
derrière la porte de l'écurie que les Allemands
cherchaient à mettre en feu, versait à même de
l'eau apportée par ses deux sœurs. Ce pauvre curé
avait dû passer deux ou trois nuits hors de chez
lui, à la sacristie, comme otage, après la bataille
qui eut lieu ici, comme à Fillières, et dans la plaine,
et où les 154e, 155e et 94e régiments d'infanterie

français eurent à combattre 8.000 à 10.000 Allemands.

Les Allemands eurent des pertes énormes : en font foi les cinquante-cinq tombes, creusées un peu partout, et où il y a surtout des Allemands, presque pas de Français.

LE CAPITAINE FRANÇAIS CHRÉTIENNOT

On me cite le beau dévouement du capitaine français Chrétiennot (de Bar-le-Duc, un de nos anciens élèves), qui assista, avec quels soins délicats et quelle tendre sollicitude ! un lieutenant français qui se mourait. *Frater a fratre adjuvatur !* Le capitaine a été emmené en Allemagne, d'où il est revenu, pour y retourner, après l'armistice, comme commissaire, près de Mayence.

UN GÉNÉRAL ALLEMAND NOUS VISITE

Jeudi 26 novembre-3 décembre. — Un général allemand vient, très ému, avec une dame et une jeune fille vêtues de noir, me demander des renseignements sur un officier Neitzel tué à Fillières (?). Ce général compte dix officiers de sa famille tués à la guerre, dont le major von Schwieben, enterré au Moulin-aux-Bois. — Les Allemands eux aussi ont donc des pertes. Et l'employé de la gare, déplorant le sort de sa patrie, disait :

— L'Allemagne a trop d'ennemis à la fois ; elle

va faire la paix, offrant l'Alsace-Lorraine et le paiement des frais de guerre... mais Poincaré va vouloir autre chose !

Passage de vingt-six automobiles retournant en Allemagne ; on dit que l'Empereur est dans l'une d'elles. — A Audun-le-Roman, le consul italien a fait une enquête au sujet de quelques Italiens fusillés par les Allemands. — Le curé de Russange, allant à Esch, a eu le bras fracassé par une sentinelle allemande, qui lui avait demandé son laissez-passer.

UN CAPITAINE FRANÇAIS TUÉ

Une histoire arrivée à Mercy-le-Bas, non loin. Des avant-postes français et allemands se rencontrent. Le capitaine français et un de ses hommes sont blessés. Le capitaine se rend et est abattu à coups de lance. Un capitaine allemand veut inspecter ses papiers... mais ils ont disparu. Il accuse le curé, l'excellent M. Mailfert, qui avait assisté le mourant, de les avoir pris — ce qui est faux. Il menace le curé, qui fait très courageusement bonne contenance et finit, grâce à l'intervention du général, par être laissé tranquille. Il s'occupe alors de l'enterrement du héros, dont le cercueil est déposé à l'église, avant la cérémonie. Plus de mille soldats allemands voulurent voir ce capitaine et défilèrent devant le cercueil, dont ils soulevaient le couvercle. Pendant ce temps, le soldat s'était réfugié dans une maison, jusque sous le toit. Que faire? Les habitants croient bon de le signaler. On va, on le trouve en civil. Il est fait prisonnier et emmené.

L'UNION SACRÉE

On me passe une copie d'un journal de Luxembourg (26 novembre 1914). C'est un excellent article religieux, où il est parlé de l'*union sacrée,* du beau dévouement des prêtres mobilisés, partageant les souffrances des soldats, tombant comme eux et avec eux, unis par un lien intime, par l'amour pour la même sainte cause, le salut de la France! Un d'entre eux, blessé à mort, bénit de sa main tremblante son compagnon tombé à côté de lui. « Ainsi, dit le journal, faisait l'archevêque Turpin, pour les compagnons mourants de Roland. La France héroïque et croyante n'est pas morte : la guerre de 1914 le prouve. »

---

1. Nous signalons avec plaisir et tout spécialement l'ouvrage très fouillé, très documenté de M. le chanoine R. HOGARD, secrétaire général de l'Évêché.

Le Livre d'Or du Clergé nancéien pendant la guerre 1914-1918. On y trouvera une foule de renseignements sur nos prêtres, qui à la guerre surent si bien faire leur devoir, et de nombreux détails intéressants et inédits sur la guerre dans nos régions.

A Fillières on veut élever un monument à la mémoire des soldats tombés ; il s'est formé un comité qui fait un appel pressant à la générosité de tous, et surtout des familles intéressées. Il est question aussi de construire, à côté, un ossuaire où seraient réunis les soldats reposant un peu partout dans la vaste plaine.

NO-ME-NY !

Qu'est-il donc arrivé à Nomeny, dont là-bas nous ignorons la triste histoire ? On me raconte que le curé, M. Lhuillier, a été crucifié (?), et que les Russes faits prisonniers par les Allemands qui leur faisaient des reproches sur leur cruauté en Pologne, leur répondaient seulement par ces mots : « No-me-ny ! No-me-ny ! »

6 DÉCEMBRE, LA SAINT-NICOLAS

Dimanche 6 décembre. — A la gare, les trains passent, passent... Et sur la double ligne installée par les Allemands, toujours des trains, voire un train tout blanc de la Croix-Rouge. A quand la paix ? — Voici une fête, la Saint-Nicolas, si belle en temps de paix. Les enfants n'auront-ils rien, cette fois, du grand saint si généreux d'ordinaire ? Une petite fille, Irène Mousty, attendait cependant, déclarant que si saint Nicolas était en Allemagne, mais ne pouvait venir, comme on le lui disait, on pourrait bien lui donner un laissez-passer, et, s'il était à l'armée, une permission ! La bonne petite ! Saint Nicolas vint, cette fois, par procuration, mais il était sans doute (disait-on) appauvri par la guerre, car il donna moins.

QUELQUES NOUVELLES

Nous avons des nouvelles de nos soldats : M. Zabé est à Nogent, M. Gilson est à Lille, M. Pellissier est à Verdun ; l'abbé Louis Drouet va très bien, il est à Verdun, caserne Chevert, et a écrit à sa sœur actuellement à Nancy : « Ne quitte pas Nancy. » Il sait donc que notre cher Nancy est sain et sauf et protégé. — Cela nous fixe et nous réconforte après les fâcheuses nouvelles qu'on avait répandues. — Mais voilà ! Le commandant de Fillières, lui, nous fait une communication désagréable : « Ordre du commandant militaire de livrer les trois quarts des denrées battues et de les emmener à Longwy. » Il nous faut nourrir les Allemands, les soutenir dans leurs durs combats. — A la gare on dit : Allemands pris entre les Français et les Anglais (¹) (mais où ?). — Des troupes allemandes ont l'air en recul, à Mercy-le-Bas, à Arrancy, etc., vers l'Allemagne. Et si c'est sérieux, quelle perspective pour le village ! Les prisonniers d'Allemagne, d'écrire : « *Françoise* va très bien, mais *Germaine* va mal. » Mais alors qu'est-ce que Joffre fait donc ? Il vient de « déclasser » 150 généraux français. Alors ?

Le commandant de Pierrepont est en désarroi, et, tout effaré, il voit déjà les Français : *Die Fransous !* devant lui.

---

(1) C'était dans le Nord.

EST-CE FINI?

10 décembre. — Voici déjà la fin de l'année 1914, qui approche. Sera-ce alors la fin de la guerre? Y aura-t-il alors au moins quelque chose de définitif?

On dit que c'est pour dans quinze jours, car un Alsacien informé aurait dit à Pierrepont :

— D'ici à Noël, il y aura du changement. Après, encore plus (?).

Le commandant de Briey, qui, lui aussi, en a assez de la guerre, paraît-il, se serait écrié :

— Quand cela sera-t-il fini?

Et, furieux, il montrait le poing. A qui? A ces Français qui ne voulaient pas se rendre et l'empêchaient de retourner chez lui, *in die liebe Heimat,* dans sa chère patrie. Mais non, ce n'est pas fini. L'Italie vient de se déclarer contre l'Allemagne, et le roi Albert de Belgique a annoncé qu'il veut rentrer dans sa capitale. Le cardinal Amette est venu à Verdun bénir les troupes, les encourager, en leur montrant la statue de l'héroïne patriote, Jeanne d'Arc, qui « bouta les ennemis ». Il y a eu des combats et Mgr Ruch vient d'être blessé légèrement (?). Partout, en France, en Allemagne, on parle de lever les jeunes soldats. — Encore un détail : la *Lothringer Bürgerzeitung* raconte qu'au nord de Nancy (?) les Français ont attaqué les positions, mais ont été repoussés (?). Du reste, ce journal

a confiance dans le succès. *Savez-vous pourquoi?*
Voici la réponse très singulière qu'il fait : le facteur
principal du succès c'est l'excellence des moyens de
transport allemands. Le conducteur de train allemand de 1914 a, semble-t-il, remplacé le maître
d'école allemand de 1870 ([1]).

A Dudelange (Luxembourg), il y a eu à l'église
un grand et splendide *enterrement de trois Français* morts. Une grande couronne reposait sur les
cercueils, avec cette inscription : « Morts pour défendre la France ! » A ce moment les Luxembour-
geois pouvaient, au nez des Allemands encore hési-
tants dans leur façon d'agir envers eux, manifester
leur sympathie pour les Français. — Des trains de
prisonniers français ont été vus passant à la gare ;
il y avait un capitaine, qui paraissait bien triste !

— Mais, disait un soldat, nous sommes déjà
passés par ici.

Les Allemands les promèneraient-ils à dessein ?

UN NOUVEAU COMMANDANT ALLEMAND

Dimanche 13 décembre, etc. — Il pleut. Tout le
monde est maussade. Il y a des changements dans
les commandements de troupes. Un nouveau commandant, Ziegler, remplace à la gare Lindenberg ([2]),

---

[1] *Hauptanteil an dem Erfolg : deutsche vorzügliche Ver-
kehrsmittel. Der deutsche Bahnschaffner hat (so scheint es) den
deutschen Schulmeister von 1870 abgelöst.*

[2] Mort depuis. Il semblait très délicat de santé. Il passait pour

qui va en vacances dans le Wurtemberg. Ceci nous intéresse. Que sera le nouveau commandant ? — Cependant, douze hommes viennent me chercher pour aller sur le champ de bataille arranger les tombes des soldats. — *Des nouvelles de nos soldats :* notre voisin Félix Noirjean, et un autre (à Verdun) vont bien ; puis *de la guerre :* « Ah ! disait un officier, nous ne pardonnerons jamais la journée du 14 », et le bruit courait qu'*ils* avaient perdu 12.000 hommes (?). Et un Allemand, qui ne pensait pas avoir tant raison, disait :

— Cette guerre, *cette guerre durera trois ans !*

VEXATIONS

Guerre de batailles, mais aussi de rapines : un piano a été vu à la gare d'Audun en partance pour l'Allemagne. Guerre aussi de vexations. Jusqu'aux habitants d'Alsace-Lorraine qui, soupçonnés de connivence avec les Français, sont persécutés : cinquante-deux personnes auraient été emmenées d'*Aumetz* en Allemagne. La maison du curé d'Aumetz, l'abbé Schwarz, a été visitée ; trente maisons sont suspectes. Gare aux habitants ! A *Moyeuvre,* aussi perquisitions. Des soldats pour cela ont été

assez intraitable dans ses réquisitions. Il faut lui reconnaître certains actes de bonté : par exemple, ayant appris par moi qu'un soldat français non inhumé (Gaborit, voir plus haut) gisait dans une grange, il vint avec ses hommes, armés de pioches et munis d'une croix, pour l'enterrer.

amenés mystérieusement de Thionville dans la nuit,
et le maire a été éveillé en sursaut et, venant en
simple pantalon ouvrir sa porte, a été appréhendé
tel quel et emmené...

FÊTE DE NOËL

Lundi 21 décembre. — Nous apprenons que,
Noël approchant, le curé de Villerupt a été avisé
par les autorités allemandes que Noël sera célébré
dans son église catholique par les troupes protes-
tantes ! — A la gare de Fillières, Noël sera célébré ;
on fait de grands préparatifs ; caisses sur caisses
arrivent ; il y aura un concert ; l'arbre de Noël, avec
ses traditionnelles boules de verre de diverses couleurs, est dressé. Un aéroplane français, qui venait
sans doute le voir, est apparu et a été salué de
coups de feu. Lui une fois disparu, les esprits se
sont mis en paix. C'est de circonstance pour fêter
cette belle fête de Noël, qui est la fête « de la paix
aux hommes de bonne volonté », annoncée par les
Anges. Et ces Allemands sont vraiment à penser à
la paix. Le commandant disait :

— Nous voulons la paix. Bientôt vous irez
dans le village voisin comme vous voudrez. Vous
n'aurez plus *besoin de moi !* Nous offrons l'Alsace-
Lorraine et 6 milliards... mais (en se reprenant),
votre « roi », Poincaré, ne veut pas ! C'est triste
pour vous comme pour nous. — La paix ne viendra
donc pas encore !

Non, car c'est toujours la guerre avec ses ennuis.
Et j'en apprends quelque chose aujourd'hui même.

NOËL A JOPPÉCOURT !

Les pauvres gens de Joppécourt, privés depuis
cinq mois d'exercices religieux, étaient bien
dignes d'intérêt. Et, après entente, je devais aller
fêter Noël avec eux. Mais... il fallait passer par
la gare, où le commandant *si pacifique* résidait.
Je me présente et, faisant valoir la permission
donnée depuis quelque temps par le commandant précédent, j'espère passer sans encombre.
Mais il me refuse tout net, me déclarant qu'il faut
« se soumettre aux circonstances. » Les autres
officiers l'assurent bien que sa responsabilité n'est
pas engagée... Enfin, après conseil tenu dans la
chambre voisine, il vient me rapporter la réponse
que voici :

— Nous allons vous donner un laissez-passer
pour aller à Longwy, où vous demanderez la permission de passer à Joppécourt.

Longwy d'ici est à 5o kilomètres, et Joppécourt à
1 kilomètre ! Je renonce donc à mon projet et rentre
un peu penaud à Fillières.

NOËL A MAIRY

Tous les commandants ne ressemblent pas au
commandant Ziegler : à Mairy, la messe de minuit

a été dite à l'église sur la demande du commandant qui, après avoir remis 5 francs à l'abbé Claudon, le curé, voulut employer l'électricité du village à illuminer l'église... — Des trains passent, venant d'Allemagne, avec des arbres de Noël et mille choses — dons que ceux restés à la maison envoient à leurs soldats. Ces dons arriveront-ils à destination? Et leurs soldats, reviendront-ils sûrement tous?

L'ANNÉE 1915

Une nouvelle année qui commence! Que sera cette année? Aurons-nous la paix tant désirée, avec la fin de cette horrible guerre? Tout le monde nous disait : la paix, la paix! *Pax, pax, et non erat pax!* Oui, et ce n'était pas encore, hélas! la paix. Des coups de fusil se font entendre dans la nuit, c'est, pour les Allemands, paraît-il, l'usage de saluer ainsi l'arrivée de la nouvelle année. Ces coups de fusil, hélas! ne furent pas les derniers. — Le canon aussi, toujours sinistre, gronde dans le lointain. C'est toujours Verdun, l'objectif de ces troupes jeunes qu'on voit passer. Et les Allemands veulent faire un effort de ce côté, où le pays est ravagé et les champs nivelés comme une route. — Il leur faut une consolation : car leurs journaux eux-mêmes parlent de leur flotte surprise et coulée aux îles Falkland par les Anglais. — En plus (entre autres nouvelles), Nancy, les 28 et 29, aurait été bombardé par 28 avions et par un zeppelin; la gare aurait été endommagée (?). Est-ce vrai? Est-elle vraie aussi, cette intervention des États-Unis dont on parle?

CE N'EST PAS ENCORE LA PAIX

Que penser de ces affreux récits sur dix artilleurs de Longwy (cachés depuis le commencement) qui se seraient rendus et auraient été fusillés dans l'église de Morfontaine — et de ces morts du curé de Grand-Failly, tué dans sa paroisse (?) après avoir été frappé de coups par les femmes du village forcées de le faire par les Allemands — et du pauvre curé de Cutry, enterré à demi vivant, plié en deux et enfoncé dans sa tombe trop étroite par les soldats à coups de botte (¹)? — Les Allemands réquisitionnent toujours. Une voiture vient d'Audun avec quelques soldats, qui entrent, sans plus de façon, dans les écuries, choisissent le bétail qui leur convient, puis s'en vont très tranquillement. Je vois une pauvre femme suivre quelque temps la voiture en suppliant les ravisseurs de lui rendre sa bête, mais ce fut bien en vain!

REVUE DES ENFANTS — GROSS MALHEUR!

Mardi 5-dimanche 10 janvier. — Revue des en-

---

(1) L'imagination populaire exagérait, car M. l'abbé Robert fut simplement fusillé à Villers-la-Montagne dans un champ près de l'église, mais on comprendra nos alarmes d'alors. — Le curé de Failly, prisonnier, mourut en Allemagne.

fants mêmes, cette fois, et des hommes (de sept à cinquante ans, dit l'ordre). Et à la vue des enfants, le commandant, plein de soupçons et comme pour s'excuser, disait :

— Ah ! ceux-ci pourraient porter des dépêches !

Interdiction à la population de faire passer des lettres. Toujours de leur part, mêmes alarmes.

— Le portier de la gare annonce que dans quinze jours il y aura une grande bataille (!?). *Gross malheur !* Les hommes de Villerupt auraient revêtu la tenue de guerre, pour pouvoir partir au moindre signal.

— Si cela continue, disent-ils, nous ne pourrons plus tenir.

L'état-major de Montmédy serait passé à Longwy, de Longwy à Villerupt, toujours plus près de la frontière allemande. Reculeraient-ils sérieusement ?

LES NOYERS SONT ABATTUS

A Fillières, les Allemands ayant besoin, dit-on, de bois pour des crosses de fusil, font la visite des noyers du village. Tous les jardins en sont dépouillés ; les deux très gros noyers, au bout du jardin de la cure, font bien triste figure, abattus et dépecés sur la route ! Encore si les branches inutiles pouvaient être tranquillement ramassées et employées par des gens à court de chauffage !

Dimanche 10-mercredi 20 janvier. — Joffre serait élu à l'Académie française, comme successeur du comte de Mun. — Alors il ne serait pas prisonnier, comme l'annonçaient les soldats de la gare, en poussant des hourras. *On croit facilement ce qu'on espère.* Mais nous n'en sommes pas là. Et contre Joffre et ses troupes qui leur donnent du fil à retordre, voici une revue de leurs soldats les plus forts qui a lieu, pour les envoyer au front, puis des trains et des trains passent; on a compté dans l'un d'eux 45 canons à la fois. Leurs affaires iraient-elles mal ?

Quelques vexations : interdiction de communication avec nos prisonniers en Allemagne; il y en a à Kœnigsbruck, où la maladie fait des ravages, en terrassant trois ou quatre par jour. — Puis, à nous qui avons besoin de bois, on vient nous mesurer nos provisions de bois dans la forêt.

DIPLOMATIE

En ce moment ils font des recherches et de la *diplomatie.* Il s'agit de laver les troupes allemandes du reproche d'assassinat et d'incendie. A Chenières, les gens *incendiés* sont invités à certifier que ce sont les Français qui ont brûlé leurs maisons. Les maires de Pierrepont et de Bazailles ont été invités à signer sous menace une déclaration, pour attester que ce sont les *Français* et pas les Allemands qui ont fusillé les populations. Le maire de Bazailles aurait dit :

— J'ai perdu un fils, etc.; je ne tiens pas à la vie. Je ne signerai pas de mensonges.

Le curé de Ville-au-Montois a été mandé à Longwy à la Kommandantur pour être interrogé.

— Tant d'hommes, dit-il, ont été *fusillés*...

— Ne dites pas fusillés, dites : *morts*.

« PATIENCE ! » DIT LE « TEMPS »
« VICTOIRE ! » DIT VIVIANI

Un numéro du *Temps* nous éclaire sur la marche des événements et nous recommande la patience, en attendant l'heureux résultat final : « *Patience ! Patience !* C'est une guerre d'épuisement. » — A Baroncourt, dit-on, où les pertes allemandes sont considérables, on passe sur les morts, sans y prêter attention.

« L'Allemagne n'est pas à bout de forces. Les grandes difficultés vont commencer au printemps... L'impatience désire que l'on hâte les opérations, mais la patience est nécessaire. » Elle nous est bien nécessaire. — Dans un discours, Viviani déclare : « *Nous aurons la victoire.* Nous demanderons 3oo millions, et l'argent des vaincus sera pour les sinistrés. » Viviani est bien modeste dans ses exigences, et pas assez généreux pour les pauvres sinistrés, si affreusement maltraités. On sait que

Viviani a perdu un fils non loin d'ici, à Gorcy, dès le commencement de la guerre.

LE SERVICE RELIGIEUX A SERROUVILLE

Mardi 20 janvier. — Un gendarme m'apporte, sans demande préalable de ma part, la permission d'aller à Serrouville pour les offices religieux. Cette permission devait être renouvelée tous les mois. Je ne fus pas longtemps à en faire usage, car M. le curé d'Errouville se chargea des offices. Et cette paroisse n'en fut pas privée, comme ce malheureux Joppécourt, d'où j'avais été écarté et qui fut presque un an sans secours religieux.

DES ENNUIS

Les noyers de notre village, de Ville-au-Montois et de Mercy-le-Bas sont partis pour Audun-le-Roman, et c'était bien justice, n'est-ce pas (ainsi pensaient les Allemands), que nous eussions quelques ennuis. Le commandant, fâché (de quoi?), s'écriait :

— Il faut que les Français aussi souffrent. Ils ne sont pas plus à plaindre que les autres (traduisez : que nous).

Qu'est-il donc arrivé ? Des revers, des pertes d'hommes, de matériel ?

EN QUÊTE DE « MATÉRIEL »

Du matériel ils tâchaient de s'en procurer, et de toutes sortes. Témoin ce piano arrivé de Boismont et qui, à la gare, attend le moment de partir pour faire les délices de quelque Allemande. « Otto, écrivait l'une d'elles, la chambre meublée que tu nous as envoyée fait très bien ; seulement il manque un piano. » Le piano, le voilà ! — A Preutin, un vieillard de quatre-vingt-seize ans, M. Mathieu, étant mort, sa maison immédiatement fut dépouillée, les meubles enlevés, la cave pillée. On raconte la même chose de cet excellent patriote, M. Mézières, resté au pays et dont la maison (le cadavre étant à peine sorti) fut prise en possession par les Allemands.

UNE AFFICHE

Une affiche est apposée au village : « Défense, de la part du commandant de la Vᵉ armée (le Kronprinz), de recevoir *l'armée ennemie.* » Décidément il y a du danger en l'air pour les Allemands. Aussi ils veulent s'assurer. « Ordre aux hommes de quatorze à cinquante ans de se présenter à l'appel. »

NANCY ENDOMMAGÉ

Nancy, paraît-il, a eu à souffrir, ces derniers

temps (?) de la visite d'un zeppelin : des bombes ont été jetées sur le Palais du Gouvernement et sur une église (Saint-Epvre ?) dont les vitraux ont été brisés.

FRANCE « VICTORIEUSE »

On nous dit que dans quinze jours il y aura quelque chose de nouveau, et au printemps ce sera merveilleux. Le Grand Couronné a déjà arrêté les Allemands venus par Nomeny... Nous attendons l'événement avec une secrète espérance. Du reste, comme bien souvent, les troupes allemandes parlent de défaite ; elles semblent découragées et fatiguées de cette guerre meurtrière :

— Ah ! que de blessés ! disait un soldat.

Puis il tourna court.

— Mais, dit son interlocuteur, cela finira bientôt.

— Oh ! non, non.

Et un autre à Serrouville, à un petit garçon qui osait lui dire :

— A Paris ?

— Oh ! non, mon petit. France victorieuse ! Voici le 27 (le jour de la fête de l'Empereur) : Nous *le* verrons... Et *il* le paiera... Et *nous* aurons une République...

Il ne croyait pas si bien dire.

VISITE A MERCY-LE-HAUT

Jeudi 28 janvier. — Jour heureux pour moi, à marquer d'une pierre blanche : *lapide albo notata dies,* comme disait le bon Horace. J'ai la permission d'aller enfin à Mercy-le-Haut, situé sur la hauteur en face, mais où on ne peut aller sans passer par la gare, si bien gardée. Je pourrai enfin avoir des renseignements sur cette bataille qui s'est livrée là, pendant que nous, de l'autre côté de la vallée, nous avions *la nôtre,* hélas !

La route, depuis le fond de la vallée, monte en serpentant, à travers un bois. Et à la sortie de ce bois, je débouche sur le plateau, ce jour-là tout blanc de neige. Bientôt, à ma gauche, apparaît une tombe allemande avec trois médaillons : un capitaine et deux sous-lieutenants reposent là. Plus loin, une croix, encore une ; des croix un peu de tous côtés : tombes françaises (154ᵉ, 155ᵉ et 26ᵉ chasseurs). C'est de ce plateau que le 40ᵉ d'artillerie française bombardait dans la plaine et sur les pentes de la colline les Allemands qui débouchaient en masses serrées sur le village de Fillières.

J'arrive enfin à Mercy-le-Haut ; le côté du village où j'entre a souffert : des maisons délabrées, sur la route ; de celle de Gabriel Lebrun, le frère du ministre, les murs seuls restent. Pour aller faire ma visite à M. le curé, j'entre par le jardin ; la maison est au fond, avec sa porte trouée par un obus. Devant le presbytère, l'église, dont la façade est percée de balles et porte deux larges brèches. L'inscription *Venite adoremus* au-dessus de la porte est aussi ébréchée, au mot *adoremus* : c'est là que la première balle lancée de ce côté vint frapper l'édifice. La trace est très visible. Au coin de l'église, à droite, une maison défoncée. La maison Aubertein, non loin, est trouée. Quel spectacle ! Et au milieu de ces ruines, je retrouve ce bon abbé Martin, un peu vieilli par les épreuves, et revenu depuis peu de Rombas et d'Homécourt où il s'était dirigé, au moment du danger, avec vingt-deux personnes, après une odyssée lamentable. Après cinq ou six semaines à Homécourt, où il aida au service de la paroisse, il était revenu à son village.

Il me racontait combien il avait été, un jour, bon pour ces Allemands, qu'il voulait adoucir, comment même après avoir reçu des officiers un témoignage écrit, qu'il me montra, sur l'excellente réception ([1]) qu'il leur avait faite, il avait été peu de temps après, lors de la bataille, enfermé dans l'église avec ses paroissiens ; puis rentrant chez lui, il avait trouvé son presbytère pillé : linge, montre d'or, argenterie, vins, eaux-de-vie, tout avait disparu. Les papiers de la fabrique étaient entassés dans sa chambre,

---

([1]) *Vorzüglich, aufs liebenswürdigste aufgehoben.* Je lui recommandai de ne pas trop montrer cette attestation.

entremêlés de pots de confiture et autres pièces
de vaisselle, dans un désordre inimaginable. La
population eut beaucoup à souffrir, et plusieurs
personnes furent fusillées. Je ne devais plus
revoir ce bon curé de Mercy-le-Haut si éprouvé :
un dimanche, en chantant la messe, après avoir
entonné le *Credo*, il fut frappé d'apoplexie et
s'abattit soudain, en roulant en bas des marches
de l'autel, devant ses paroissiens épouvantés ! Il
mourait à la tâche, au milieu des siens, désolés de
le voir aussi tristement et aussi inopinément dis-
paraître, alors qu'il aurait pu leur être encore de
quelque secours et leur donner un salutaire
réconfort dans un village occupé par l'ennemi...

ET VERDUN ?

Vendredi 29 janvier. — *Leurs journaux* nous
parlent toujours de l'Aisne et des fortes positions
qu'ils y occupent, et des attaques qu'ils repoussent
« facilement » au nord de Verdun. Par exemple, il
ne fait pas là toujours très bon ; il paraît que les
hommes ici sont ennuyés de partir pour Verdun ;
dans les tranchées, on a les pieds gelés... Enfin,
comme c'est pour la dernière et *décisive* fois !...
« Du reste, disent-ils, ce régime de tranchées doit
finir bientôt. Clemenceau n'a-t-il pas dit : Une
forte offensive seule peut obtenir quelque chose. Il
n'y a plus d'opérations militaires. C'est une guerre
de taupes. »

AUX CHAMBRES FRANÇAISES

Mais les Français se laisseront-ils faire? On me passe, copié sur une petite feuille de papier, le compte rendu de la séance de la Chambre et du Sénat réunis, du 22 décembre. C'est relativement récent. Quelle joie et quelle consolation on éprouve devant cette résolution « de ne déposer les armes que quand le militarisme prussien sera *complètement brisé*, quand le droit lésé aura été vengé, les provinces perdues antérieurement reconquises, l'Europe reconstituée sur la base de la paix et du droit » ! Puis M. Deschanel donne un souvenir ému aux « héros qui depuis cinq mois combattent pour leur patrie. Jamais la France n'a été plus grande, et jamais et nulle part on n'a vu des vertus plus glorieuses ». Viviani, le président du Conseil, vient faire au nom du Gouvernement une déclaration, écoutée par les députés debout, saluée et interrompue fréquemment par des applaudissements : « La France, dit-il, combattra jusqu'à l'entière délivrance de l'Europe... Il faut briser le militarisme allemand. Le succès est certain... » Il adresse ensuite un salut vibrant au généralissime... Le lendemain 23, samedi, même scène : « Notre programme, dit M. Deschanel à la Chambre, est d'aider ceux qui se battent et leurs familles, de résoudre, avec la nation et le Gouvernement, les questions vitales : *l'expulsion de l'ennemi, la déli-*

vrance du pays, la *restitution* des provinces que la force nous a ravies, etc. » Et, au Sénat, M. Dubost, président, dit sa *conviction* que la France sortira triomphante de la guerre actuelle...

Quels accents nouveaux et agréables pour nous, si loin de la France, perdus au milieu d'ennemis qui proclament à tout instant sa chute inévitable, ses défaites ! Quel air pur et libre on respire ! Quel doux réconfort au cœur ulcéré, quelles vivifiantes espérances dans des âmes prises de doute, j'allais dire rongées de désespoir, et cependant, malgré tout, s'acharnant à vouloir croire au triomphe final. On oublie un instant le monde assombri, où l'on vit écrasé, pour se complaire dans un autre, auréolé de gloire, transfiguré par la joie et le succès. Voyez-vous un malheureux perdu au milieu de tristes marais, qui bordent le pied d'une montagne, transporté tout à coup sur le sommet, illuminé par le soleil éclatant et d'où les perspectives les plus agréables se déroulent, où les horizons se découvrent librement, à l'infini, et resplendissent dans un doux et ravissant mirage !... Hélas ! il faut descendre de ces hauteurs enchanteresses, et la réalité se représente à vous avec toute son horreur et vous étreint le cœur il n'y a qu'un moment si dilaté et si délicieusement trompé !

L'ennemi est toujours là et affirme son existence par les cruautés et le meurtre. A Landres, racontet-on, ils ont fusillé un père de famille avec son fils, tandis que sa pauvre petite fille est obligée d'assister à l'affreux spectacle et de les voir tomber morts dans le caniveau ! — A Morfontaine, MM. Eugène Vacant et Pascal, attachés chacun à l'extrémité d'une palissade, sont fusillés, et le maire appelé est forcé d'assister à l'exécution !

ENCORE TROIS ANS !

Février 1915. — Les journaux rapportent le mot singulier et prophétique de l'Anglais Lord Kitchener : La guerre durera encore trois ans ! Trois ans ! et ce ne fut, hélas ! que trop vrai. — Un train vient de passer avec 1.600 prisonniers français, et, pour nous consoler, le lieutenant français disait :

— Les Allemands en ont bien autant !

D'où viennent ces prisonniers ? De Verdun, du fort de Douaumont, dit-on (¹). C'est donc toujours Verdun l'objectif des assauts allemands. Oui, et les coups de canon de ce côté, et le cerf-volant se balançant derrière l'église de Joppécourt, et les trains qui remontent avec des blessés poussant des plaintes et dont on voit plusieurs ensevelis dans la paille, tous ces signes disent suffisamment ce qui se passe là-bas. Il y a un véritable acharnement, on dit que les *turcos* se sont bien battus, à coups de

---

(1) C'est à la suite de la grande attaque.

baïonnette, de crosse de fusil, à coups de couteau, et (disent les Allemands dans leurs journaux) « ils vont jusqu'à nous mordre ». — Un aéroplane passe ; alors éclate une fusillade, le bruit des mitrailleuses ; on voit des bombes éclater. Puis c'est le silence impressionnant, angoissant... Encore un aéro français venant de Longuyon vers l'Est. Trois autres se sont montrés à Pierrepont : c'est le service de reconnaissance.

SUCCÈS ALLEMANDS ? — L'OFFENSIVE FRANÇAISE ?

Vendredi 19 février. — Toujours canonnade et fusillade du côté de Landres. On raconte que six officiers français, déguisés en officiers allemands, ont parcouru le pays en auto. Aussi, à Audun-le-Roman, on exige des habitants pour circuler un mot de passe. — A Audun-le-Tiche sont apparus des Russes prisonniers pour travailler comme ouvriers. Que deviennent les Russes nos alliés? A Villerupt, on vient de sonner les cloches pour une victoire allemande sur leurs troupes. Et voilà les Allemands contents : à Bréhain, un soldat disait :

— Madame, nous *a* de bonnes nouvelles (d'où ? de Verdun?).

Et de notre côté, on nous dit que du côté de Conflans tout le front allemand a reculé de 3 kilomètres, et qu'à Audun, à Candbonne, c'est la panique chez les Allemands. A la gare, on refait la voie, et le commandant de Pierrepont y vient voir les travaux tous les jours. L'offensive française attendue pour le printemps et annoncée par le capitaine Marcel Rollin, commencerait-elle?

Nous avons des nouvelles de Pélissier installé à Pantin; Lucien Lefondeur (?) est à Saint-Nazaire, occupé à garder les prisonniers : ces deux compatriotes sont plus tranquilles que nous! — Le pays souffre de la faim; les rations ont été diminuées; on parle de 120 grammes à Ville et dans le pays de Longwy.

ON SONNE LES CLOCHES — TOUJOURS VERDUN !

25 février. — La nouvelle des défaites russes aux lacs de Mazurie se confirme, et dans divers villages il y a des sonneries de cloches; à Metz on a sonné la *Mutte*. C'est bien pour les Allemands de ce côté, mais dans la forêt d'Argonne, c'est autre chose. Les hommes d'Audun sont navrés, ils doivent partir. « On est frappé, disent-ils, on ne sait d'où? Vous marchez : au bout d'une heure, tout est fauché. » On parle de 130.000 Allemands encerclés dans l'Argonne. Un père de famille de trois enfants a les larmes aux yeux :

— *Deutsch kaput,* ajoute-t-il.

Pour lui, c'est encore Verdun le danger.

— *Chefs toujours dire : Verdun,* deux jours, et Verdun, *jamais !* ajoute-t-il mélancoliquement.

Et le commandant demandait :

— Ici, beaucoup de morts français ? Nous, nous avons perdu *beaucoup, beaucoup !*

Et un soldat venant chercher du lait au village pleurait :

— Camarades ne marchent pas ! disait-il. Ici *gut ! gut !*

Puis, faisant signe des bras qu'il va enlever son uniforme odieux, il dit :

— Femme chez moi !

Il veut retourner à la maison, il en a assez de porter le *Königsrock*, l'uniforme ! Et puis « la cause de tout, ce sont les Anglais ! Ces maudits Anglais, qui s'en viennent avec leurs énormes canons de marine et vous font sauter à 4 ou 5 mètres de haut » ! Qu'est-il arrivé ? Ont-ils entendu parler des batailles de l'Artois (Givenchy, janvier 1915) ?

PERTES ALLEMANDES

Mars 1915. — A la gare, les employés sont bien tristes : de mauvaises nouvelles sont venues de l'Argonne, où une armée nombreuse aurait été cernée, et d'Ypres, où ils auraient eu des milliers d'hommes mis hors de combat, et enfin sur l'Aisne où le sang aurait coulé à flots ; dans les Vosges, auprès de l'Hartmannswillerkopf, la lutte est dure contre les « diables bleus » qui, cachés dans la neige, dans des corbeilles dissimulées dans les sapins, leur abattent leurs hommes ! Décidément leur ciel s'est assombri. Cela n'empêche qu'ils font encore des prisonniers. Un officier aurait dit :

— C'est malheureux ! Pour ces quelques prisonniers, avoir perdu tant de monde ! (Pertes immenses du côté de Conflans, disent les convoyeurs passant par le village vers Serrouville. D'un régiment il reste cinq hommes.) Et puis l'Italie, qui reste bien hésitante à se déclarer pour nous et où, au contraire, il y a des manifestations pour l'intervention aux côtés de l'Entente !

Ils ramènent du pays de Stenay des gens évacués, qu'ils dirigent sur l'Allemagne et qui, en passant, s'écrient :

— Nous mourons de faim, mais vive la France quand même !

Il y a en effet des difficultés de ravitaillement pour ces pays, comme pour nous, pour qui toute importation est interdite. Il y a aussi ici en l'air vent de défaite allemande.

PRÉCAUTIONS ALLEMANDES

11 mars. — Ils avouent perdre la partie ! Et ils auraient été rejetés dans le Nord à plus de 100 kilomètres. La perspective de l'offensive française, tant annoncée et tant redoutée pour le printemps, les jette dans l'angoisse. Est-ce pour eux une nouvelle campagne désastreuse, comme celle de la Marne, qui commence ? « On nous a trompés ! On nous a jeté la poudre aux yeux », disent-ils. — Ils veulent s'assurer contre des attaques : les pionniers installés à la gare font des remblais dans la vallée, pour arrêter la rivière et inonder la voie ! Car on prête aux Français l'intention d'enlever cette ligne, par où tant de trains vont de Thionville vers les champs de bataille. — Ils veulent aussi s'assurer des ressources : pour ce qui reste en fait de blé, perquisition ici, perquisition là : à Crusnes, à Errouville, à Thil (¹)...

ÉVACUATION DU PAYS

Une grande question émeut les esprits : il s'agit d'évacuer le pays. Seuls, les laboureurs resteraient pour cultiver les champs, et aussi les hommes de quinze à quarante-huit ans, qui naturellement seront des ouvriers utiles aux Allemands. On demande aux personnes qui veulent partir de s'inscrire ; je fais comme il est demandé et fais ma demande. Mais quand partira-t-on ? Les indigents — bouches inutiles — devront partir ; on traversera l'Allemagne

(1) A propos de ces perquisitions, une petite histoire : A Mercy-le-Bas, tout près, les frères Muel, avant de quitter le village au commencement de la guerre, avaient caché dans un souterrain muré des provisions, des quintaux de blé. Une nuit, une auto arrive, avec des soldats armés d'instruments, lesquels vont directement à la cachette et enlèvent tout ! C'était un ancien domestique, Alsacien, qui avait *vendu* les frères Muel. Il avait probablement aidé à faire la cachette, et il trahissait honteusement !

et la Suisse. Quelques-uns veulent partir, mais d'autres, craignant pour le trajet des surprises, des accidents, des arrêts en forteresse à R. ou autres, déclarent vouloir rester.

CULTURE DES CHAMPS

Les Allemands veulent cultiver ou faire cultiver les territoires des villages ; une charrue à vapeur est arrivée à Audun-le-Roman. Elle traverse — sans respect pour les bornes — tous les champs.

— Mais, disait l'adjoint d'Audun, à l'officier commandant, vous allez tout bouleverser. Comment après s'en tirera-t-on ?

— Ah ! Monsieur, vous avez le *catastre*.

— Mais il est brûlé...

— Ah !

Et c'est tout.

DES GENS PARTENT EN FRANCE

Lundi 22 mars-jeudi 8 avril. — La température est très douce, et la nature, qui ignore la guerre, s'est revêtue de fleurs : dans les bois, les anémones blanches, les pervenches bleues, les pulmonaires rouge et violet, les élégantes scilles, les primevères se montrent ; dans les jardins, les perce-neige. C'est un repos pour les yeux. Mais le cœur est toujours serré, attristé. Des émigrants de Villerupt sont partis au nombre de 380, au milieu des larmes de la séparation; puis ce sont des gens de Thil. Malgré la douleur de laisser les parents, ils s'estiment heureux, ils vont voir la France et jouir de la liberté ! Et nous, nous restons avec l'ennemi ! Lui, il est toujours tracassier et... anxieux : Verdun les préoccupe, et aussi l'Argonne.

PRÉOCCUPATIONS ALLEMANDES

De ce côté, les Français les menacent toujours ; aussi ils surveillent les habitants et resserrent les règlements : pour aller à Joppécourt (non loin de notre village), il faut un sauf-conduit, toujours difficile à obtenir ; dans ce village les bûcherons, pour aller travailler au bois, doivent se munir d'un sauf-conduit ; il en faut aussi un pour aller labourer les champs. A la gare, ils ont expulsé Mme Villiers et la garde-barrière, en cas de destruction forcée de la voie qui déjà a été minée. Les employés sont tristes :

— Grand malheur, disent-ils.

Un officier aurait dit :

— Nous sommes encerclés près de Verdun; dans l'Argonne, il ne nous reste plus rien; du reste nous sommes sans munitions, sans vivres. En Allemagne on meurt de faim ! — Cela ira vite (?). — Mais *ni* la France, *ni* la Russie, *ni* l'Allemagne ne veulent la paix ! Cela donnera du vilain !

TROUPES ALLEMANDES ENVOYÉES EN RUSSIE

Et de fait, l'Allemagne, tout en maintenant sur le front français des troupes suffisantes, doit lutter sur le front russe, et ces nombreux convois que nous voyons passer et remonter vers l'Allemagne sont, dit-on, destinés à une grande résistance austro-allemande. Les Russes, après avoir assiégé Przemysl, une citadelle très forte, avaient fini par la forcer le 22 mars (c'est-à-dire il y a quelques jours) à capituler. Mais l'armée allemande, depuis le 19 mars, était fort éprouvée là-bas et avait perdu jusqu'à 70.000 prisonniers. L'Autriche en plus se sentait menacée par les Cosaques (l'invasion en Hongrie était imminente) et elle avait besoin de secours. On comprend donc que ces troupes, jugées moins indispensables sur notre front pour le moment, fussent expédiées bien vite à l'est de l'Europe. — On sait qu'alors l'Italie était en pourparlers, depuis le 8 mars, avec Berlin au sujet de compensations en Autriche, mais les Allemands n'étaient pas très sûrs de ce côté, et de fait, en mai, l'Italie venait de notre côté. Ainsi l'on comprend ce que leurs journaux nous disaient, ou le bruit qui courait, que l'Italie avait déclaré la guerre à l'Autriche.

SOUHAIT DE LA PAIX

Tous ces faits de guerre nous tenaient en haleine

et nos souhaits ardents de la paix étaient loin de se réaliser. Un brave curé des environs, M. Mailfert, de Mercy-le-Bas m'envoyait alors une petite feuille pour m'indiquer les fêtes de l'année et, après avoir indiqué la dernière semaine que nous venions de traverser (du 28 mars au 4 avril), c'est-à-dire la Semaine Sainte, il m'écrivait pour la suivante, celle de Pâques (4 avril), une fête toute de joie, les paroles de la liturgie, exprimant ce que nous tous désirions tant alors : *Fugat odia, concordiam parat* (Plus de haine ! La concorde se prépare !) — et un peu plus loin (c'était pour le 31 juillet) : *Fiat pax* (La paix soit faite) avec un point d'interrogation. La paix pour nous, si précieuse et pourtant très lente à venir, était encore bien loin, bien loin, hélas !

LE CAPITAINE FRANÇAIS AWENG

7 avril. — J'ai reçu aujourd'hui par des voisins des renseignements sur un officier français, le capitaine Franz Aweng. Ce brave, un de nos anciens élèves, a été blessé et tué à la bataille de Doncourt (le 22 août); il est enterré là, et on a pu recueillir des souvenirs précieux pour sa famille, après la guerre. Élève de collège, soldat, mari et père de famille, toujours il fut un modèle; il laisse entre autres, en mourant, à ses enfants, avec le souvenir d'une affection très tendre, l'exemple d'une fidélité inébranlable à de nobles principes religieux. Toujours nous aurons en vénération sa mémoire comme celle d'un vrai héros chrétien.

VISITE D'UN OFFICIER ALLEMAND

Un officier allemand, brandebourgeois, vient d'Audun, plus exactement de Laon, encore occupé par eux; avec lui son ordonnance, qui avait le fusil à l'épaule. L'officier est à la recherche de la tombe de son frère, tombé ici dans la bataille, et, d'après les renseignements reçus, il finit par la trouver. Il parcourt les champs, se fait expliquer la bataille, admire les tombes bien ornées, récompense généreusement les femmes qui en ont pris soin. Il m'explique qu'il a été partout à la guerre, à Liége, à Anvers, puis à Lille, enfin à *Vailly* près de Soissons.

— Là, dit-il, beaucoup de Français tués et beaucoup d'Allemands !

Un moment il a cru aller à Paris.

— Nous étions à... Meaux, puis à Betz (non loin de Meaux), puis... nous nous sommes retirés volontairement (*haben uns freiwillig zurückgezogen*).

Allusion discrète à la retraite de la Marne.

— Mais enfin, fis-je, quand cette guerre cessera-t-elle ?

— C'est la faute des Anglais ; les Anglais, *on les hait !*

Toujours les Anglais, cause de la guerre. C'est le refrain ici des Allemands.

— Français et Allemands bien ensemble, mais les Anglais *mauvais!* nous répétait un autre officier.

La « petite misérable armée anglaise » leur donnait des cauchemars.

LA « GAZETTE DES ARDENNES » A FILLIÈRES

Une annonce est faite, au village, par une attention délicate des autorités allemandes qui veulent nous renseigner exactement sur la guerre. Les personnes qui le désirent recevront la *Gazette des Ardennes*. Pour intéresser les lecteurs, le journal donnera la liste des morts, des prisonniers français (camp par camp). Quelques exemplaires furent distribués.

— Après en avoir lu deux ou trois numéros, à titre de renseignement, me disait M. le maire, j'en suis tout malade !

C'était le poison allemand qui tentait de s'infiltrer, sans succès du reste.

Des avions un peu partout parcourent le ciel, le canon et la mitraille sont entendus... Une pluie froide se met à tomber. Nous sommes dans l'abattement...

LES ALLEMANDS N'AVANCENT PAS

10 avril. — A la gare passent des wagons

chargés de fours destinés, paraît-il, à incinérer leurs nombreux morts, car ils perdent beaucoup d'hommes, avouent-ils, et en vain.

Un soldat, un Lorrain, disait :

— J'ai deux frères en France. Moi j'étais resté au pays et ils m'ont incorporé. Je puis vous le dire, la main sur le cœur : *Ils n'avancent pas.*

C'était très vrai, les troupes allemandes étaient arrêtées partout dans leur marche et étaient bien loin d'entrer dans ce Paris où elles croyaient aller d'emblée.

— Cela durera encore, disait un officier chez M. Gilson. *Je ne marche plus* à la guerre !

Ils s'informent du nombre des Français tombés à la bataille, dont ils avaient admiré les belles tombes.

— Et des Allemands ? Il y en a beaucoup ?

— Le double des Français (C'était plutôt le triple).

Pour se consoler, ils montrent des collections de cartes postales : ruines de Longwy, ruines de Varennes, de Montfaucon, de Dun-sur-Meuse, de Remenauville-en-Haye (près Pont-à-Mousson), dont la belle église gothique a été ravagée par leurs obus et irrémédiablement détruite.

VISITE A ERROUVILLE — L'ABBÉ ESSELIN, CURÉ

Toujours il est question d'évacuations. Les gens des villages voisins, Pierrepont, Boismont, Ville-au-Montois, et les habitants de Fillières seraient menacés, ceux d'Errouville aussi. Je vais aux renseignements : par Serrouville je vais à Errouville, et je trouve là l'excellent curé, abbé Esselin, qui me raconte l'histoire du village et la sienne, et ce qu'il a eu à souffrir de la part des Allemands, qui ont, dès le début, comme partout, essayé d'intimider ; lui, il a été promené par devant le front des troupes armées et menaçantes ; à la fin, traité moins sévèrement, il a été enfermé dans son presbytère, avec interdiction d'en sortir ; pour aller à Crusnes, son annexe, il devait, chaque fois, être muni d'un laissez-passer. Le jour de la bataille de Fillières, il a vu 5.000 à 6.000 hommes se diriger du côté de notre village. C'étaient beaucoup de troupes pour aller combattre la poignée de Français que nous y avons vue ; aussi on s'explique que nos soldats succombèrent si vite !

RÉFUGIÉS A VILLERUPT

Mercredi 14 avril. — A Villerupt, il y a quelques jours, il est arrivé quantité de malheureux réfugiés, et, mourants de faim, il est question de les diriger sur la France. Ces pauvres gens imploraient et demandaient du pain, en en offrant un bon prix (5 francs pour une miche). Mais où en trouver ?

MON VOYAGE A LONGWY ET LONGUYON

Jeudi 15 avril. — Pour obtenir ma liberté, car ici les autorités ne peuvent rien, je me décide à

faire un grand voyage et je vais à pied à Longwy,
où se trouve le *Commandement supérieur*. Plein
d'espérance, je pars donc. Je passe par Villers-la-
Montagne, où ma cousine Haut me reçoit aimable-
ment. Elle loge le commandant, un Wurtember-
geois, qui revise mon laissez-passer (pour Longwy).
J'apprends des détails sur la mort de l'abbé
Robert, curé de Cutry, fusillé derrière le jardin
par les Allemands.

Nous parlons aussi de toute la famille : le
Dr Haut a été emmené en captivité à Chemnitz (en
Saxe) ; son fils André est blessé et habite Nantes.
Lui du moins est en sûreté. L'aînée des filles est à
Fontainebleau avec son mari, un capitaine d'artillerie. La fête de leur mariage, le 31 juillet 1914, n'a
pas été sans alarmes ; dépêches sur dépêches arri-
vaient, annonçant les hostilités imminentes et con-
voquant le colonel et les officiers qui étaient là, loin
de leur régiment... Pourraient-ils, du fond de cette
localité si près de la frontière allemande, échapper
à temps à quelque coup de main possible ? Leurs
familles aussi venues à la fête étaient dans une
cruelle perplexité. Le jour même, au soir, on par-
tait précipitamment. Il était temps. Mais on n'ou-
bliera pas ces angoisses et ce voile funèbre jeté
brusquement, impitoyable, sur la joie d'une fête de
famille...

De Villers je passe par Haucourt, où j'aperçois
le clocher, où les Allemands avaient obstinément

voulu voir une station de T. S. F. (d'où représailles et départ du curé, l'abbé Viansson, en captivité en Allemagne). A la fin de la journée, je suis à Longwy-Bas. En descendant la route qui y mène, j'aperçois le malheureux Longwy-Haut, qui profile là-bas sur le ciel du soir sa longue ligne de ruines ! Quelle tristesse, quel serrement de cœur j'éprouve !

Me voici chez le curé de Longwy-Bas, l'excellent abbé Muel, qui me reçoit si cordialement ! Grâces lui soient rendues de cette douce soirée qu'il m'a fait passer. Je lui communique le but de mon voyage et il me donne bon espoir. Il me raconte son histoire, c'est-à-dire ses ennuis, sous l'occupation allemande : il me parle de la ville bombardée, dont il me montrera les blessures demain ; de son église menacée par les bombes ou privée de ses candélabres en cuivre et de ses belles cloches ; de l'hôpital, où la sœur supérieure fut frappée mortellement d'un éclat d'obus ; de l'usine de M. de Saintignon endommagée.

Le lendemain, je me rends à la *Kommandantur,* installée à la banque Thomas, et là je présente ma demande, mais... la réponse, faite par un monsieur très souriant, M. Essig, fut: Pas possible! Pas permis! (*Kaum möglich! Nicht gestattet!*) Je m'offris à aller à mes frais, en traversant des pays que je connaissais. Tout fut inutile, et je rentrai *bredouille* au presbytère. Il ne me restait plus qu'à retourner à Fillières. Comme le voyage à pied m'avait fatigué, je résolus de retourner en chemin de fer, si c'était possible, et non sans une curiosité secrète et le désir de traverser les pays occupés complètement par les Allemands. Ce fut assez facile : avec mon laissez-passer, je dus encore passer par des bureaux, pour avoir l'autorisation de prendre un billet. De Longwy à Longuyon, un train avec indication : *Trèves-Luxembourg à Longuyon.*

Dans le wagon, un Allemand et sa fille (sans doute renseignés par leurs journaux) regardent le pays, où ils ont l'air de chercher des ruines. « C'est bien triste ! » disent-ils. La vallée si pittoresque de Longwy à Longuyon est déparée par ces ruines, et le plaisir du spectacle de la nature est gâté par la présence de soldats gardant tous les ponts. Enfin, nous voici à Longuyon.

J'avais vu Longuyon avant la guerre. Quel changement ! Tout allemand ! Affiches, annonces aux guichets, aux portes de bureau, tout en allemand ! J'ai une heure d'arrêt et j'en profite pour aller voir ce pauvre Longuyon si maltraité, où cent soixante maisons ont été incendiées. Cent personnes ont été tuées, dont deux enfants sous les yeux de leurs mères, juste devant une maison où je passe. C'est ce que me raconte un Longuyonnais bien vivant (il a échappé, lui), se rendant avec sa pioche et son chien à son jardin. J'entends encore ce brave homme, me parlant du curé de Longuyon et de son vicaire, l'abbé Persyn, fusillés avec quelques paroissiens dans un pré, en dehors, sur la route de Tellancourt. Jeanne d'Arc dans l'église, elle aussi, a été frappée : sa statue a été décapitée. Dans les environs, les villages de Romain et de Chenières ont été détruits complètement; Fresnois à peu près, etc. Je reviens à la gare, d'où j'aperçois l'établissement des Frères en ruines, lui aussi, sauf la chapelle et l'ancien château attenant.

A la gare, pour billet, je reçois une feuille de papier en trois langues (allemand, français et flamand), avec le titre : « Conseil d'administration allemand des chemins de fer, à Bruxelles. Valable pour le train local militaire. » Sur le quai, une quantité d'officiers attendant leur ou leurs trains, car il y a des trains de ou pour toutes les directions : Mézières, Audun-le-Roman, Longwy ; un train de la Croix-Rouge stationne; un train long est là, pour Chambley et cette contrée, fermée pour nous, et de la direction de laquelle nous entendons si souvent venir le sinistre bruit du canon. Tout notre pays est entre leurs mains. Pour combien de temps encore ?

Le train qui va vers Audun est bondé de soldats, d'officiers ; des diaconesses disent qu'elles retournent à Halle (Saxe). Nous emmenons des canons, des planches, etc. Nous allons rapidement, je passe juste en dessous du village de Fillières, à la gare de Joppécourt, gardée par des soldats et où, de Fillières, nous n'allons que bien difficilement. Enfin je débarque à Audun-le-Roman, et traversant dans sa longueur ce village composé de maisons toutes ruinées et systématiquement détruites l'une après l'autre. Quel aspect de mort ! Et quel silence impressionnant ! Le soir, je rentrais à Fillières, le cœur serré. Ma démarche avait été vaine..., mais au fond je gardais un espoir, qui, on le verra bientôt, ne devait pas être trompé. Je devais revoir cette gare d'Audun, mais cette fois *pour partir !*

CRAINTES DE L'OFFENSIVE FRANÇAISE

Vendredi 16 avril. — Grand mouvement de troupes vers Joppécourt, Mercy-le-Haut, Boudrezy ; à la ferme de Chanois, ils sont soixante. Un écolier est dissuadé par les soldats d'aller à Joppécourt : ce n'est pas prudent d'aller de ce côté. « Grand malheur, là-bas ! » disent-ils. On s'attend à une grande bataille à Pienne (toujours l'offensive française tant redoutée).

DES TROUPES A FILLIÉRES — UNE BEUVERIE

Dimanche 18 avril. — Voici des Allemands ! Cavaliers du Hanovre (les uns très jeunes) ; ceux-ci viennent se reposer quelque temps. Après une course pénible en Belgique, où, disent-ils, la population civile était acharnée contre eux, de Liége à

Namur, puis devant Maubeuge, ils viennent directement, disent-ils, de *No-yon* et de Pimprez, près Compiègne, où ils ont dû subir quelques *avanies* et d'où ils se sont, comme toujours, « volontairement retirés (*freiwillig zurückgegangen*) ». Ce semblent des débris de plusieurs régiments ; leurs voitures ont toutes leurs numéros effacés avec de la craie. Il y en a aussi à Mercy-le-Haut et le maire du village, curieux, se permet de leur dire :

— Alors ! cela ne va pas pour vous !

A l'instant il lui est infligé 100 marks d'amende pour sa question indiscrète !

Nos hôtes s'installent pour un temps assez long, me disent-ils. Les officiers veulent se reposer et oublier la guerre ! D'abord ils veulent le respect, et les gamins, ces malappris (*diese Bengel*), doivent saluer ; puis ils s'informent si les gens du village sont sûrs ; puis ils demandent s'il y a du gibier dans les environs. Y a-t-il dans le village un piano, des violons, des guitares ? Quant à leur menu, c'est Moitrier, de Metz, qui le leur fournira. Une auto fait le voyage et en revient chargée de caisses et de boîtes. Pour le boire, ils y ont pourvu : une certaine voiture mystérieuse a été installée avec précaution dans un hangar appartenant à M. Thirion. Elle doit recéler de l'excellent champagne, etc., trouvé à quelque château français, comme on va le voir en effet. Et l'on se mit à l'œuvre sérieusement. Une fête d'officiers fut donnée chez M. Thirion ; ils étaient onze et burent dix-huit bouteilles de champagne, sans compter d'autre vin. Leur joie était grande, et ils se mirent à chanter à plein gosier la *Wacht am Rhein ;* sur quoi protestation de la famille, de Mlle Jeanne, l'excellente patriote et maîtresse de céans (en l'absence de son père mobilisé), qui, avec ses deux sœurs, sut en imposer souvent, par une digne et ferme attitude, à toutes ces bandes d'Allemands (supérieurs ou inférieurs) qui, à chaque logement de troupes, envahissaient leur grande et belle maison. Cette fois encore, ces Allemands s'inclinèrent respectueux devant ces bonnes Françaises et se turent.

Dans le joli cottage de M. Amédée Noirjean, où aussi les chefs élisaient volontiers domicile, ils se réunirent. Il y en avait là cette fois quatre, qui invitèrent leurs autres confrères à un festin, j'allais dire *beuverie*. On but en effet beaucoup ; sans parler du champagne que quelques-uns avaient déjà pris en excursion à Aumetz, premier village lorrain, ces messieurs à sept absorbèrent au moins, outre le vin ordinaire, quatorze bouteilles de champagne, plusieurs bouteilles de bordeaux, deux litres de cognac, et ensuite de la bière, — devinez combien de bouteilles ?... Exactement *cinquante* bouteilles ! Il est vrai de dire que ces messieurs étaient de grands propriétaires ruraux du Hanovre ; ceux-là sont solides. Il est vrai aussi de dire que, malgré sa force, le commandant, ayant eu, au milieu de la fête, une signature à donner, n'y voyait goutte. Il en avait déjà trop pris. Aussi, comme une bonne fête de village, cela se termina, non pas comme quelquefois par des coups, mais par des cris, des chants, accompagnés du piano de la maison, des chants dans la maison et en dehors de la maison. Ajoutons que le pavé de la cour du propriétaire resta mouillé trois jours. — Le lendemain ces messieurs ne semblaient pas se ressentir le moins du monde de leur fête. Et quand, d'après un ordre arrivé dans la nuit, ils durent partir le lendemain, le commandant sauta lestement en selle, et je le vois encore sur la route de Serrouville monté solidement sur sa jument ; un charmant poulain trottinait et gambadait gentiment sur la route derrière sa mère !

Les soldats partirent à 11 heures, après s'être rassemblés sur la place de l'Église, où, rangés à côté de leurs canons dans un ordre impeccable, ils avaient entendu pieusement un discours d'un officier : « Vous allez partir pour Audun, où vous vous embarquerez ; de là vous irez à Metz rejoindre les camarades et de là marcher contre l'ennemi. » Où allaient-ils vraiment ? Les uns disaient en Russie, d'autres à Verdun. Après le discours, on chanta le *Heil Dir im Siegeskranz,* puis on s'ébranla, en formant un long défilé à travers le village et sur la route de Serrouville... Que sont-ils devenus ? Ont-ils tous survécu à l'horrible guerre, pour pouvoir, une fois rentrés dans leurs foyers, raconter toutes leurs souffrances et leurs privations ? Nous ne savons.

D'autres Allemands acceptaient la situation moins joyeusement que nos Hanovriens, et étaient toujours à plaindre cette guerre, qui ne finissait plus ; elle devait, selon eux, finir par un coup de foudre, ou, si vous le voulez, un bon coup de massue sur la tête de la France, et, hélas ! la France n'avait pas été abattue par leur première attaque ! elle résistait maintenant, et qui plus est, les menaçait d'une offensive.

CE N'EST PAS ENCORE LA PAIX

— Malheur à l'Allemagne ! et aussi malheur à la France ! disait un officier.

Il avait été blessé, à la poitrine près de Reims, et racontait que là-bas il avait vu à Noël les Français et les Allemands fraterniser ; les soldats, oubliant la guerre, faisaient la paix et se passaient des journaux, du tabac, chantaient ensemble, un rêve, quoi ? une félicité qui faisait pleurer de tendresse les Allemands fatigués de la guerre et déjà escomptant l'amitié des Français. Mais tout à coup arrive une bombe qui éclate avec fracas ! « *Der Friede ist vorbei !* Voilà la paix déjà finie ! » Et on lui parlait encore de la guerre :

— Oh ! ne m'en parlez pas, s'écria-t-il.

Et il resta, me dit-on, pleurant tout un quart

d'heure sans rien dire. Et le désespoir le saisissait :

— Nous aimerions mieux nous battre une bonne fois, et que cela soit fini !

En effet, c'était pour eux aussi la guerre *d'usure*, et à droite et à gauche, Joffre les « grignotait », comme il disait. Donc pas de résultat bien palpable pour eux ; devant eux se dressait, malgré leurs rodomontades, le spectre d'une longue guerre, pleine de surprises désagréables. C'était pour leur orgueil un échec sensible.

Ils ont toujours peur : un observateur est installé chez M. Zabé et est toujours armé de sa longue-vue. — Des échos leur viennent des combats près de Pont-à-Mousson : à Flirey, aux bois Le Prêtre, de Mortmare et d'Ailly, aux Éparges on se bat furieusement et les cadavres allemands « s'y entassent » (1er-13 avril 1915). C'était vrai. Entre autres nous avions, le 9, emporté d'assaut le massif des Éparges.

LES UNS PARTENT, LES AUTRES VONT RESTER

Jeudi 22 avril-fin avril. — *Ils sont partis*, et le village est redevenu calme. Mais à Joppécourt, dans les villages voisins, à Mercy-le-Haut, à Xivry, à Beuveille, entassement de troupes ; et, d'autre part, va-et-vient incessant de trains bondés remontant vers Audun. Pourquoi ces passages ? Les premières troupes sont destinées à « cristalliser » le front devant les armées françaises, et la crainte d'offensive française n'est pas sérieuse, mais les Allemands, malgré les dires de quelques-uns qui affirment « reculer comme *vous* en 1870 » ou « n'avoir plus les Argonnes », espèrent bien résister et pourront, de ce chef, envoyer des troupes à l'est contre la Russie, ennemie plus faible. On voit déjà poindre le système nouveau, la *guerre de positions*, qui, après l'échec de l'offensive à Arras ou à Ypres (mai-juin 1915) sera à l'ordre du jour, « et finira bien (dans leur idée) à user la patience des Alliés et à arracher à leur lassitude une paix avantageuse » (V. Giraud, II, p. 203, Hachette).

A Joppécourt, ils pensent rester un certain temps, s'installent, déplacent à leur convenance les meubles des chambres, piquent des photographies au mur et se montrent polis, aimables, en plaignant le sort des villages de là-bas, en montrant Fillières, etc. « Là-bas, pauvres villages ! Malheur ! » Ils s'apitoient. Cela n'empêche pas de faire des perquisitions pour nous enlever le reste des provisions ; à Errouville, à Crusnes, ils veulent du blé, de la farine. — Le nouveau poste de soldats est méchant, et réclame impérieusement la présentation de laissez-passer. Il y a des bruits qui circulent, peu favorables à la cause allemande ; l'Italie n'est pas sûre et probablement va intervenir en faveur de l'Entente (ce fut seulement le 24 mai).

LES DAMES ROBINET PARTENT EN FRANCE

Les dames Robinet, retenues prisonnières par la guerre à Fillières, où elles meurent de faim, ont obtenu la permission de retourner en France ; un jour ou deux après, nous apprenons qu'elles sont retenues à Villerupt ; enfin elles peuvent passer à Luxembourg, d'où elles rentrent en France, pour apprendre la mort du capitaine d'infanterie à la suite de ses blessures ! Que de sympathies entourèrent ces dames et comme sincèrement nous plaignions leur sort : malheur sur malheur ! Un adoucissement, c'était leur rentrée en France ; elles partaient, et nous restions !

ENQUÊTE

Un gendarme vient chez moi, chargé d'enquêter sur les dégâts faits à l'église par la guerre ; il s'informe aussi (dans quel but ?) des naissances, mariages et décès dans le village. Espèrent-ils toujours conserver encore longtemps le pays et lui faire sentir les bienfaits de leur administration ?

LE LIEUTENANT ROSENFELD

Une autre visite : le maire d'Haucourt vient, de la part de M. Dreux, de Longwy, prendre des rensei-

gnements sur un lieutenant français, disparu dans
la bataille, M. A. Rosenfeld. La famille de ce lieutenant, très inquiète, a eu recours à tous les moyens
pour avoir des informations. Que lui faire savoir ?
Que j'ai ramassé sur le champ de bataille, maculées
de boue, des lettres de sa famille à lui adressées,
et que probablement il repose dans la fosse là tout
près (tombe 29), avec son commandant et ses soldats. Mais des choses sûres, pas moyen d'en donner.

INSUCCÈS ALLEMANDS

Mai 1915. — Des échos nous viennent des
combats près de Verdun, à Saint-Mihiel, aux
Éparges.où les Allemands ont perdu des milliers
d'hommes. Un gendarme a dit : « Avant-hier les
Français ont gagné. » Et là-dessus interdiction, sous
les peines les plus sévères, de répandre les journaux. Nous avons bien la *Gazette de Lorraine* qui,
elle, n'est pas interdite, et pour cause. Elle parle de
lignes françaises écrasées à Combres, de Canadiens
faits prisonniers à Ypres, mais on sait que justement à ces endroits les Allemands furent bel et bien
battus. Elle vante les bombes asphyxiantes, les
combats à la grenade ; sous ce rapport nous avons,
il est vrai, assez tôt su prendre l'avantage. — Et
voilà que pour les *succès* allemands, les cloches
sonnent, à la grande douleur de nos populations !...
Mais c'est en Russie que cela s'est passé ! Ils di-

saient 160.000 prisonniers, et puis le commandant vient dire : « Non, c'est 7.000 prisonniers. » Les affaires des Allemands ne vont donc sérieusement pas. Un Allemand de Thionville, à qui on parlait de leurs victoires :

— Nous, s'écria-t-il, nous, des victoires? Les Français, oui. Nous n'avons plus de munitions !

Et la cause de tout cela, la cause, c'est l'Angleterre !

— *England ist schuld an dem Krieg!* me disent trois soldats, en veine de confidences, à la suite de libations abondantes. Nous, bientôt nous irons délivrer nos camarades encerclés à Saint-Mihiel par les Français.

Ils auront beau faire et beau dire, l'Allemagne est maintenant bien malade.

— Voilà que l'Italie marche contre nous; je ne le croyais pas ! C'est nous, kaput ! disaient-ils à la gare.

Et cependant ils espèrent se reprendre... dans l'avenir. « Ce n'est pas fini, la guerre. Elle durera jusqu'à l'année prochaine ! » Jusqu'à l'année prochaine, c'est-à-dire 1916, quelle perspective pour nous, jetés dans cette fournaise !

UNE FÊTE RELIGIEUSE INTIME A SERROUVILLE

Au travers de toutes ces émotions douloureuses en est venue une bien douce, qui m'a rappelé les beaux jours de la paix ! J'ai trouvé à Serrouville, où de temps en temps j'allais faire les offices religieux, un grand garçon de dix-huit ans, Henri Mangenot, que les circonstances avaient empêché de faire son grand devoir de la première communion. Il le fit cette fois, en compagnie d'un bon camarade, avec quel esprit sérieux, mûri par les épreuves ! Avec quelle joie ! quel air heureux il portait dans toute sa personne !... Dirai-je tout ? Ce brave garçon, étant boulanger, se demandait comment il pourrait reconnaître les quelques avis que je lui avais donnés, et il eut l'heureuse idée de faire avec sa plus belle farine (Dieu sait qu'elle était rare, cette belle farine) un beau pain blanc, qu'il vint m'offrir ! Je fus très touché de cette attention et du bon cœur du donateur.

MA RENTRÉE EN FRANCE

Un autre événement important est venu occuper mon attention : mon rapatriement en France. C'est par où je finis ce manuscrit.

Déjà plusieurs trains d'habitants des pays occupés, surtout de la Meuse, des Ardennes, étaient passés à la gare, se rendant en France. Les Allemands ne savaient que faire de ces populations, sans feu ni lieu, dénuées de tout. C'étaient, par ces temps de disette, des bouches difficiles à nourrir. Dans nos villages aussi, la disette se faisait sentir, et les

Allemands, désireux d'avoir de quoi nourrir surtout leurs troupes, se décidèrent, vu l'accalmie
relative qui régnait alors, à organiser de nouveaux
trains. On publia l'ordonnance du commandant de
Longwy à ce sujet : « Les personnes désireuses de
partir doivent donner leurs noms ». Je fis comme
elles. Dès le mois de mars, des listes avaient été
bien dressées et revisées, puis plus rien. Enfin, en
mai, un beau jour, on annonce qu'un train va partir, composé de quelques personnes des différents
villages : Errouville, Fillières, etc., etc. Le maire,
avisé, vient me dire que le lendemain (c'était le
14 mai), « on devait se rendre à la gare d'Audun-le-
Roman, pour 2 heures de l'après-midi. Si cependant
je me décidais à rester, il se chargerait volontiers
des démarches, lesquelles *certainement abouti-
raient*. Je restai fidèle à ma décision première, et
je fis bien : c'est ce que me dirent toutes les personnes que j'ai revues à Fillières après la guerre.

A la gare donc, parti avec M. le maire, je trouvai
quantité de gens entassés, dans la salle d'attente,
sur des sacs de farine, en attendant l'appel décisif de
leurs noms. Jusqu'à 4 heures, il y eut une attente
pour moi encore bien anxieuse, car un simple ca-
price des autorités pouvait me retenir. Mais non !
Après l'appel des heureux choisis, parmi les gens
de Beuvillers, de Sancy, etc., j'entendis mon nom
prononcé par le lieutenant de Pierrepont, interprète, et il m'attacha sur la poitrine un petit carton

que j'ai conservé et qui portait : *298, Longwy.* —
Quand tous les noms furent proclamés, on nous
installa dans des wagons; les gens de Fillières
étaient dans le même wagon ; le nº 299, mon voisin,
était ce brave M. Peltier, qui fut mon inséparable
compagnon de route jusqu'à Dijon.

Le voyage se fit sans encombre, *sans visite.* Les
autorités furent *très* aimables tout le temps. Après
avoir quitté Audun, où on avait distribué du thé
aux grandes personnes, et des douceurs aux enfants, nous passâmes par Thionville, Metz. Comme
j'essayais de revoir, de reconnaître des localités
que j'avais autrefois visitées ! Mais la nuit descen-
dit, et nous allions toujours à une allure rapide,
passant devant des usines illuminées, en plein travail, et croisant des trains innombrables. A Strasbourg, il faisait jour, mais nous ne nous arrêtâmes
pas. Ce fut sur la rive droite du Rhin, à Appen-
weier, que nous eûmes le premier arrêt. Là, distribution de lait et de soupe aux voyageurs. Puis, à
travers la Forêt-Noire, par-devant Hornberg, Hau-
sach, à travers des champs bien cultivés, des pays
pittoresques et enchanteurs de verdure (on était en
mai), par-devant Triberg, Villingen, après des arrêts
à quelques stations, où des jeunes filles en blanc
venaient nous offrir des rafraîchissements, nous
arrivâmes à la dernière station badoise. Là, comme
souvenir, on nous distribua la *Gazette des Ardennes,* avec un article sur l'emploi légitime des

obus asphyxiants, que les Allemands venaient d'inaugurer ; un autre sur l'excellente nourriture des prisonniers en Allemagne, etc., etc.

Après un quart d'heure, nous étions en Suisse, à Schaffhouse. Nos tribulations étaient finies. C'était pour nous la liberté, c'était la vie ! Les populations suisses se montrèrent aimables à l'excès : à Schaffhouse, en débarquant, nous fûmes conduits, pour nous reposer, à un *cercle,* et là traités royalement. Après le repas, séance de projections. Puis, le moment du départ étant venu (vers 10 heures du soir, c'était le samedi 15 mai), on partit. Nous traversâmes Zurich, tout illuminé, Olten ; vers 2 heures du matin, nous étions à Berne, où l'on nous attendait. De braves femmes, chargées de provisions et de menus objets brodés, de cigares, entrèrent dans nos compartiments et commencèrent à faire une distribution généreuse. Je renonce à dire quelle était notre joie et combien grande était notre reconnaissance pour tant de bonté et d'attentions ! Merci encore une fois et mille fois, ô braves Suisses, si aimables et si délicats envers des malheureux ! — Arrivés à Genève le matin, nous fûmes restaurés, puis conduits bien vite en tramways, au milieu des cordiales salutations de la population, à Annemasse : *c'était la France !*

Là, après avoir dîné, dislocation. Avec M. Peltier, je partis, par Bellegarde, pour Bourg. De Bourg, où nous trouvâmes à l'*Hôtel de France* du beau pain blanc qui nous ravit d'aise, nous allâmes à Dijon ; dans le train, on nous fit raconter nos malheurs parmi ces *Boches* (c'était la première fois que j'entendais ce nom déjà bien connu cependant). A Dijon, je me séparai de mon cher compagnon, qui allait à Paris, et je pris la direction de Nancy, où j'arrivai dans la soirée, bien heureux, et moi, qu'on avait cru mort, j'apparaissais, un peu affaibli, il est vrai, mais bien vivant ! Je fis bientôt visite à M. le préfet Mirman, qui s'informa de la situation du pays et des gens laissés là-bas, et à Mgr Turinaz, évêque de Nancy ; tous deux furent pour moi d'une amabilité au-dessus de tout éloge.

Je n'ajouterai en finissant que quelques mots.

J'avais bien eu raison de demander mon rapatriement. Mes malheureux compatriotes restés à Fillières et qui m'assurent que je n'ai vu que *le commencement*, eurent beaucoup à souffrir pendant les années 1915, 1916, 1917, 1918, 1919 ; le village fut encombré de troupes allemandes (n'oublions pas les attaques de Verdun, 1916) ; chagrin de voir les cloches, les orgues enlevées ; des ennuis de toute sorte, des corvées pénibles ; presque rien à manger : telle fut la condition de cette population éprouvée, qui cependant n'avait jamais perdu l'espoir de redevenir française.

Son attente ne fut pas trompée.

SUPPLÉMENT DÉDIÉ AUX FAMILLES

Quelques renseignements utiles sur les soldats :
Listes des morts par tombes, etc.
Plaques d'identité. — Sacs trouvés. — Quelques livrets.

ENTERRÉS

Tombe N° 34
Capitaine Lamothe.

Tombe N° 40
Capitaine Chevalier.
Mangin, Léon (Bar-le-Duc).

Tombe N° 27
Mangin, Eugène.

Tombe Moulin-aux-Bois
Rollet, lieutenant.
Aubert-Kaufman, soldat.

Tombe N° 6
(près de l'église)
Gaborit.

Tombe N° 33
Vingt Français inconnus.

Tombe N° 35
Seize Français inconnus.

Tombe N° 41 (Belle-Croix)
Six Français, dont A. Husson
(sa plaque, à Joppécourt).

Tombes N°s 13-14
(Chemin de Serrouville) (1).

Officier.
de Blottefière, Saint-Cyrien.

Soldats.
Babu.
Brougniard.
B. II, 8081.
Chabert, Jules.
Chardonneau.
Chazal.
Chouquet.

---

(1) Ces soldats, enterrés par les gens de Serrouville, sont connus d'après leurs *plaques d'identité*, lesquelles, cachées à la mairie de Serrouville, ont été trouvées et enlevées par les Allemands. (Détail fourni par le dévoué M. Dupont, instituteur, qui, après l'inhumation, m'avait envoyé la liste.)

Codron.
Colson.
Corneille.
Danner, Georges.
Delavoye, sergent-major.
Elie, Henri.
Foulongue.
Gard.
Garnaud.
Grandjean-Joyeux.
Jacquier.
Jacquot.
Kiffer.
Laboue.
Laplace.
Laumenède.
Lefèvre, Émile.
Maingault.
Marcel.
Mayeur, Auguste.
Méline, Fernand-Émile.
Sénéchal.
Simmer.
Van den Broucke.
Wattiau.

Collin.
Contremoulins, sergent.
Cremel.
Denisot, Jules (réserviste, Besançon).
Drode.
Dujardin.
Fouasseau.
Gabriel.
Grosjean.
Hénault.
Hérard.
Jennequin.
Krœber.
Lebée.
Lejeune.
Liot.
Maître.
Mathieu, Adrien-Albert.
Nicaise.
Tristram.
Vancrœynest.
Van Breughel.

TOMBE N° 30
(Chemin du Moulin)

Officier.

Cordier, sous-lieutenant.

Soldats.

Barrois.
Borconsky.
Boutin.
Brocqueville.
Charbonnier, Pierre-Joseph.
Chesnel.

TOMBE N° 28
(Chemin du Moulin)

Officier.

Cathala, lieutenant.

Soldats.

Adam.
Bigand.
Boivin.
Bouhana.
Bovet.
Brauval.
Cappart.
Carlier.

Cayet.
Chancel.
Champlon.
Chenouard.
Colley.
Courange.
Cuq, sergent fourrier.
Dehais (probablement).
Deville.
Duhamel.
Dupont.
Ernest.
Egler.
Faber.
Faillot.
Farcy.
Gacougnolle.
Gelot, sergent.
Gillard.
Girard.
Guérard.
Harmand.
Legée.
Legueul.
Lesure.
Maillard.
Maire.
Marcel.
Masselot.
Mayeur, Edgar-Henri.
Mayeur, Louis.
Noël, Paul-Léon, sergent.
Un Noël (?), Joseph ou Ar-
    mand-Joseph.
Richardin.
Saling.
Simonet, Camille, sergent-
    major.
Thuillier.

Tillier.
Vesseron.
Vestiel.
Un soldat.
Trois inconnus.

Livrets
recueillis au même endroit.

Adnot.
Un Arnould.
Bannier.
Boré.
Boutantin.
Cateau.
Cattani.
Caulfield.
Chabert.
Chappart.
Collignon.
Dehais.
Doré.
Drouet.
Duchée.
Féry.
Landru.
Lang.
Magri.
Quignot.
Roy.
Stœffler.
Trefcon.

TOMBE N° 29

(Chemin du Moulin)

Officiers.

Beaufils (de Louvières).
Rosenfeld.

Soldats.

Anciaux.
Bahier.
Bottazzi.
Briand.
Cadet.
Carpentier.
Charbonneau.
Charbonnier, Alphonse-Marie.
Derval.
Un Deschamps.
Un Duboc.
Un Ducatel.
Un Duval.
Dussaux.
Fauchère.
Fenot.
Un François (médaille d'aviateur).
Gamin.
Germain.
Gervais.
Gilardeau.
Goupil, sergent.
Groult.
Hamon.
Hauchecorne.
Henriot.
Henry.
Horlaville.
Jacquesson.
Un Jacquin.
Jouanne.
Kailler.
Kehr.
Keverlet.
Lacaille.

Latrive.
Legras, Albert-Émile.
Limbach.
Luce.
Marzet (pas. : Sylvain).
Miltat (pas. : Marius).
Perrin, Jean.
Schott.
Simon, Louis-Georges.
Simon, Franç.-Valère-Léon.
Simonet, Auguste.
Strauss.
Tassez.
Un Thibault.
Vergand, Marie-André, sergent.
Viard.
Vilain.
Un adjudant.
Cinq inconnus.

Livrets recueillis en même temps, au même endroit.

Chobert.
Fervins.
Gérard.
Lonchamp.
Paslier.
Remy.
Un Thibault.
Thibaut, Auguste-Richard.

Tombe W (Waldecke)

Dix-huit Français (dit l'inscription).

Où : plus haut, pas loin, dans un champ, où il y a une croix (1) :

Officier.

Sabouroux.

Soldats.

Bachelier.
Bodin.
Caspar.
Catherin.
Cerniault, sergent.
Chatelain.
Chaplet.
Desmarest, Fernand.
Ducourtil.
Duthil.
Felendier.
Gaillard.
Gigault.
Guillemin.
Houdemont.
Huart, Léon.
Laboulais.
Laurier.
Léchaudel.
Lefort.
Macé.
Mangin, Henri-Albert.
Miltat, Marius.
Montel.
Mougel.
Pelletier.
Philbert.
Royer.

Sabatier.
Sacchiero, sergent.
Simon, Camille.
Théry.
Thevenin.
Thibault, Henri, caporal.
Thirion, Raymond.
Tittelin.
Vasset.
Vergand, Charles-René.
Vigny.
Vimeux.
Vivien.
Inconnu.
N° 7715 (154e).

Livrets
recueillis en même temps.

Bachelier.
Boué.
Caspar.
Catrix.
Clain.
Delmotte.
Germain.
Goutorbe.
Klippfel.
Lalu.
Leclerq.
Louvet.
Miltat.
Michel, boulanger (Marne).
Paillard.
Tombe.
Trainel.

(1) Les Allemands ont déterré des soldats (lesquels ?) pour les mettre au monument W.

PLAQUES D'IDENTITÉ

(Donnant indication de « *mort* », notamment sur quelques soldats
non signalés dans les listes précédentes. — Précieux et chers souvenirs.)

Ces plaques, conservées précieusement et cachées soigneusement pendant la longue guerre, m'ont été remises après, — quelques-unes dans un état lamentable, rongées qu'elles étaient par l'humidité, et presque illisibles. J'ai pu cependant en déchiffrer un certain nombre. — Toutes ces plaques, indiquées par † (les seules qui restent de toutes les listes établies avant la guerre) sont entre les mains de l'excellent et dévoué M. Noirjean, maire de la commune.

1

Pour la tombe W
(Waldecke).

† Bachelier.
† Bodin.
  Caspar.
  Corniault.
† Deschamps, Georges.
† Duval,   Ernest-Richard
  (Rouen-Nord).
† Ducourtil.
† Desmarest, Fernand.
  Gaillard.
† Guenon.
† Gueudry.
  Guillemin.
† Huart, Léon.
† Laboulais.
  Lechaudel.
† Lefort.
† Lhoir.
  Macé.
  Mangin, Henri-Albert.
† Miltat, Marius.
† Montel.

  Mougel.
  Pelletier.
† Royer, Georges.
† Sacchiero.
† Tittelin.
  Théry.
† Thibault,   Henri-Maurice
  (Compiègne).
† Vergand, Charles.

2

† Balezeau (Verdun).
  Barrois (tombe 30).
  Boutin (id.).
  Charbonnier, Pierre-Joseph
  (id.).
  Collin, Gaston (id.).
  Contremoulins (id.).
† Courange (tombe 28).
  Cremel (tombe 30).
† Danner, Louis.
† Denisot (tombe 30).
  Dorléans (Rouen-Nord).
† Drode (tombe 30).
† Dujardin (id.).
† Eisenman (Verdun).

Fouasseau (tombe 3o).
Gabriel (id.).
† Geoffrois (Verdun).
† Gilquin (id.).
† Grosjean (tombe 3o).
† Guillouet (Falaise).
Hénault (tombe 3o).
† Jennequin (id.).
Krœber (id.).
Lebée (id.).
† Lejeune (id.).
de Louvières (tombe 29).
† Maître (tombe 3o).
† Malingrey (id.).
† Mathieu (id.).
† Pavué (Verdun).
Nicolas (tombe 3o).
† Van Breughel (id.).

Bouteiller (Cholet).
† Morel, Dominique (Seine,
2e Bureau, 1911).
Strauss (Seine, 2e Bureau).
Carliez.

3

† Adam, Marcel (Laon) (tombe
28).
Barat (id.).
Boivin (id.).
† Bouhana (id.).
Cathala (id.).
† Cappart (id.).
Champlon (id.).
† Chenouard (id.).
† Colley (Rouen-Nord).
Conrardy (Verdun).
Girard, Léon (tombe 28).

† Haillot, Jules (Châlons-sur-
Marne).
† Lasne (Seine, 2e Bureau).
† Legueul (tombe 28).
† Mayeur, Louis (id.).
† Marseille (Châlons-sur-M.).
† Poulain, Léon (id.).
† Saling (tombe 28).
† Simonet, Camille (id.).
† Vesseron (id.).

4

† Arnould, Théophile.
† Bénesteau (Cholet).
† Brun (Béthune) [en captiv.].
† Bourgois (Béthune).
† Caron, Clovis (Béthune).
† Charlier, Octave (Reims).
† Chavatte (Béthune).
† Coutelot (Reims).
† Degroote (Dunkerque).
† Delmaire, André (Rouen).
Duhamel, Henri.
† Durand, Cyr.-Jules (Rouen).
Duval, Augustin, caporal.
† Dussaux, Arthur (Verdun).
† Fizet (Rouen).
François, Léon (Verdun).
† Gauffrette (Rouen-Nord).
† Guérin (id).
† Herbillon, Gustave-Eugène
(Châlons-sur-Marne).
† Hinfray, Philbert-Alexand.
† Hissette (Châlons-sur-M).
† Houvenaghel (Dunkerque).
Huron, Georges (Châlons-
sur-Marne).
† Lafrogne (Verdun).

Launay (Seine, 2e Bureau).
† Laurent (Châlons-s.-Marne).
† Line, Georges (Seine, 3e Bureau).
† Luthringer (Seine, 2e Bureau).
Marchat (id.).
† Martinet (Châlons-sur-M.).
† Mazet, Gabriel (Seine, 2e Bureau).
Morel, Eugène (Verdun).
† Reneaud (Châlons-sur-M.).
† Schmitter (Seine, 4e Bureau).
† Schott (id.) [tombe 29].
† Simonin, Marie-Louis (Verdun).
† Suscillou, 1906 (id.).
Vilmin, Anatole (id.).

5

† Campant (Verdun).
† Clabaux (Béthune).
† Collard (Reims).
† Copin (Béthune).
† David (Lorient).

Dijon (Rouen-Nord).
† Ducatel (id.) [tombe 29].
† Elie, Marcel (id.).
† Fauchère (Tours) [t. 29].
† Gan(c)el (Poitiers).
† Germain, Louis (id.).
† Gréaume (Rouen-Nord).
Hannier (id.).
Hermand (Châlons-sur-M.).
Heuillard (id.).
† Lambert (Châtellerault).
† Limousin (Verdun).
† Lonot (Seine, 1er Bur.), 312.
Lossouarn (Seine, 1er Bur.).
† Monpeurt (Châlons-sur-M.).
Mourot (Verdun).
† Pillerel (id.).
† Roussel (Seine, 4e Bureau).
Ruthenberg (id.).
† Sabouroux, capitaine (tombe W.).
† Schneider (Seine, 4e Bureau).
† Sergent (id.).
† Tanghe (Lille).
† Thuillette (Laon).
Watin (Péronne).

A ces listes il faudrait ajouter les plaques d'identité (aussi chez le maire) :

Boumard (Cholet).
C(h)arlier, Fernand (Verdun), 1096.
Dor(beau), Joseph (Rouen-Nord).
Dufour.
Guilbert, Jules (Rouen-N.), 1017.

Heuilly, Paul (Châlons-sur-Marne).
Jollard, René (id.).
Mang(in), Henri (Verdun), 173.
Perrin, Jean (Autun).
Sacchiero.

SACS DE SOLDATS

(Peut-être indices de l'endroit où serait enterré *tel* ou *tel* soldat.)

1

(Au chemin de Serrouville.)

Goyer.
Gue...non.
Guignon.
Groult.
Boivin.
Carliez.
Champlon.
Gallois.
Guérard.

2

(Sur le chemin de la gare,
près du village.)

B...ocard (5e compagnie).
Coquelin.
Fouchiez (Lérouville, 739).
Maraudel.

3

(Au Trou Marchand, autour
de la grande tombe n° 41.)

A(r)non (sac troué).
Barthiaux.
Benesteau.
Borconsky.
Bourgois.
Brin.
Cambail.

Candelier.
Chasselot.
Collard.
Colpin.
Coutelot.
Degroote.
Delmaire.
Dijon.
Dub(o, u)c.
Duval, caporal (7688).
Foucard.
Gachard.
Goubaux.
Guérin.
Haniez.
Un Herbillon.
Hermand.
Un Hinfray.
Houvenaghel.
Huron.
Lambert.
Lasne.
Line.
Le Calvez.
Le Garrec.
Marleux.
Rappenot.
Renaud.
Schmitter.
Serva.
Simonin.
Tanghe.
Villemin.

4 ([1])

(Près capitaine Lamothe, soit près de la tombe 33 (Voir Plan), soit près de la tombe 35, ou plus loin dans les champs, vers le bois.)

Bédu (vers tombe 33).
Boumard (tombe 33).
Brière (tombe 35).
Caron, 7e (id.).
Cesse (id.).
Decker (id.).
Douet (tombe 33) [ou n° 5, voir plus bas].
Duboc (tombe 35).
Dubuc (id.).
Duhamel (id.).
Dussaux (id.).
Duval, 8e compagnie (id.).
Fizet, caporal (id.).
Froument (id.).
Hanner (id.).
Hermant (tombe 33).
Igier (tombe 35).
Limousin (id.).
Lossouarn (tombe 33).
Mazet (tombe 35).
Méline (tombe 33).
Simon (id.).
Suscillon (tombe 35).
Toubeaux (id.).
Varin (tombe 33).
Venet (tombe 35).
Venart (id.).

5

(Au milieu des champs, à droite du chemin du Trou Marchand, à partir du jardin des Sœurs, en allant vers la grande tombe n° 41. Ces soldats seraient maintenant au grand monument du « Buisson ») ([2]).

Bigot.
Caillet.
Courtois.
Denais.
Un Duhamel (ici, ou tombe 35).
Dulphy (id.).
Dupuis (id.).
Gréaume.
Juchnon.
Klees.
Koch.
Lambotte.
Lauvrier.
Lossouarn (ici, ou tombe 33).
Rousselot.
L. Vid...a.

6

(Dans les champs, près du bois [lisière et fossé], près du n° 41.)

Aulard.

([1]) Certains sacs (pour n°s 4 et 5) ont été déplacés dans les champs.
([2]) Au Grand Buisson, il y a vingt et un Français tombés à la lisière du bois, à gauche du chemin.

Brelle.   Marchand.
Courrier.   Menissier.
Dumas.   Miche.
Dupuis.   Morel, Eugène.
Enger (8e).   Saby.
Lenot.   Tiers.
Luthringer.   Vandevelde.

A ces listes il faudrait ajouter trois noms de soldats morts donnés par la *Gazette de Lorraine* (Metz), 23 février 1915 :

Guillaume (Gaston), sous-officier, 11e compagnie, 154e régiment.

Latrompette (Louis-André), 11e compagnie, 154e régiment, 27 ans.

Leroux (Louis), Cholet, 374, âge inconnu.

Plus le nom Masson, sur un carnet jeté sur le champ de bataille ; ce soldat Masson « est autorisé à se présenter au médecin ».

Un sergent Faivre (?) aurait été vu étendu et carbonisé devant la maison de M. Norbert.

N'oublions pas les noms des trois héros (tombe 1), morts dans un puits, que nous avons mentionnés dans le cours du volume (Voir à la bataille de Fillières) :

Varet (Léon), sergent, Compagnon, Sancier.

SOLDATS BLESSÉS
soignés à l'ambulance et emmenés en Allemagne.

Breda (G.), à Tangeliss, Béthune.
Brun (Pierre), Béthune, 4387.
Desmarais, Seine-Inférieure.
Douau, Paris, 155e.
Erwin, Paris.
Feuillet, Lisieux.
Grandjeannin, Maurice, Vassieux (Dormans, Marne).
Grolleau, Deux-Sèvres.
Helliot-Maxin, Lucien, Avize-Épernay.
Hennin, Sainte-Menehould.

Lapoirière, Paris.
Rolin, Albert, Sorcy-Saint-Martin (Meuse).
Stevenot, Félix, La Neuveville-aux-Joûtes (Ardennes).
Vagnieux, Pâris, Cousances-aux-Forges.

Gosset, Jules, Vieux-Ifs (Seine-Inférieure).
Laplaige, Marcel, Montmirail (Marne).
Marzet, Sylvain, Paris (Iᵉʳ).
Magri (Joseph), Vitry-le-François (très atteint).
Thibault, Albert, Saint-Martin-aux-Champs, Vitry-la-Ville (Marne).
Masson, 12ᵉ compagnie, 154ᵉ.
Leroux (Edmond), de Vandières (26ᵉ chasseurs).

D'autres soldats blessés sont morts à l'ambulance et sont enterrés soit au vieux cimetière (5), soit au jardin Jubert (43). Qui sont-ils ? Et sur quel point du champ de bataille ont-ils été recueillis ?

Sur le champ de bataille il y a plusieurs monuments, élevés par les Allemands, où ils ont réuni Français et Allemands : au jardin Jubert, au chemin du Trou Marchand (au « Buisson ») (quarante Allemands environ, et trente Français, avec le « capitaine Lamothe », dit l'inscription), à la « Belle Croix » (six Français, dit l'inscription, plus exactement quinze environ, et quinze Allemands), avec inscription : « Héros morts ». Au Fond Saint-Martin, au chemin de la gare, une grande tombe « Waldecke », où il y aurait « quinze Allemands et dix-huit Français » avec le « capitaine Sabouroux » (et pas Sabonneux). L'inscription allemande en vers rimés sur la croix est assez difficile à lire d'abord et à expliquer. La voici : Nie war heil- | ger Geist voll- | bracht jemals ver- | gebens. Unsterb- | lich ist die zeugen- | de Macht Selbst- | losen gegeben. | Drum zittert durch | ihre zu frühe Nacht | Der Strahl ew'gen Lebens. (Jamais âme sainte ne fut sacrifiée en vain. A ces héros désintéressés a été donnée une force immortelle, engendrant d'autres dévoûments. C'est pourquoi, à travers la nuit qui vint pour eux prématurément, passe en frémissant un rayon de la gloire éternelle.)

LIVRETS DE SOLDATS

Pour être complet autant que possible et faciliter les recherches, nous signalons encore quelques livrets, à seul titre d'indication, mais sans pouvoir dire exactement, pour beau-

Monument dit « du Buisson » (chemin du Trou Marchand), élevé par les Allemands. — A côté de soldats allemands (à gauche), quelques soldats français reposent (à droite). C'est ici, d'après l'inscription, que le capitaine Lamothe se trouve.

coup, où ils ont été *recueillis*. (Relire attentivement les listes *précédentes :* listes des morts, plaques, sacs.) — Précieux souvenirs.

Adam (M.-Émile). — Anciaux (Jules). — Arnould (René-Hyacinthe, et Pol). — Aulard. — Avalle.

Bachelier (Jean-Charles). — Bahier. — Babu. — Ballet. — Bannier. — Beaudoin. — Bédu. — Bergé. — Bigand. — Bigot. — Bodin. — Bonin. — Bottazzi. — Boué. — Bouhana. — Boumard. — Bouquot. — Bour. — Bourgois. — Bourgund. — Boussy. — Boutantin. — Briand. — Brière. — Brocqueville. — Brun (Pierre) (celui-ci en captivité).

Cadet. — Cailleau. — Calais. — Cambail. — Candelier. — Capelle. — Cappart. — Carlier. — Caron (Clovis, et Jules-Germain). — Carpentier. — Carvenant. — Catherin. — Catrix. — Cattani. — Caudet. — Caulfield. — Cavrot. — Cayel. — Chabert. — Chaboz. — Chaplet. — Charbonneau. — Chatelain. — Chavatte. — Chenais. — Chenu. — Chesnel. — Chevalier. — Chiron. — Clabaux. — Clain. — Claeys. — Clodoré. — Cocu. — Collard. — Collet. — Collignon. — Colpin. — Connesson. — Copin. — Coppin. — Cornet (¹). — Coupé. — Courange. — Coutelot. — Crambert. — Cuq (sergent).

Davion. — Debray. — Decker. — Defoug. — Dehais (Henri-Victor). — Delacour. — Delmaire. — Delmotte. — Demarest. — Denouveaux. — Deschamps (Georges). — Desfaveries (²). — Destenay. — Deverre. — Difard. — Donnefoy. — Doré (Albert-Désiré, et Ernest-Alexandre). — Dorléans. — Douet. — Dreyfus. — Drouet (Kléber-Omer, et Gustave). — Duboc (Auguste-Henri, et Robert-Louis). — Dubuc (Edmond-Édouard, et Léon-Gaston). — Duché. — Dufour. — Dujardin. — Dumais. — Dupeys. — Dupont (Fernand-André et Eugène-Alexandre). — Durand (Robert-André). — Durieux. — Duronceray. — Dussaux (Arthur-Léon). — Duthil. — Duval (Marcel-Alexandre, Ernest-Émile et Léon-Marcel).

Éprinchard (³). — Euger.

Fabert. — Farcy. — Fauchère. — Fenot. — Fervius. — Feuillet. — Février. — Fontaine. — Forestier. — Fortin. — Fouasseau. — François (Jules). — Frelâtre. — Fromage. — Fy (³).

Gachard. — Gacougnolle. — Gaillet. — Gamin. — Gauf-

---

(1) Livret affreusement déchiré par les balles.
(2) Livret avec deux trous de balles.
(3) Trou de balle.

frette. — Gauvain. — Gérard. — Gigault. — Gilardeau. — Gillot. — Glaster. — Golle. — Gosset. — Goubaux. — Goupil (sergent). — Goutorbe. — Guérard. — Guéret. — Guerre. — Guiborat. — Guignon. — Guilbert (René-Marie-Louis, et Fernand-Charles). — Guillicé. — Guillouet.

Haimart. — Hamard. — Hamon. — Haniez. — Henriot. — Henry. — Herbillon (Marie, et Gustave-Eugène-Firmin). — Hermant. — Hinfray (Philbert-Alexandre, et André-Adolphe). — Horlaville. — Houdemont. — Houvenaghel. — Huard (Marcel-Alfred). — Huart (Léon-Lucien).

Jacquemin. — Jacquesson. — Jacquin (Louis-Gabriel). — Jannot. — Jennequin. — Jouanne. — Juif. — Juignet.

Klein. — Klippfel. — Krebs.

Lacaille. — Lalu. — Lambert. — Landry. — Langlois. — Laplaige. — Laroche. — Laslier. — Latrive. — Laurent. — Laurier. — Lauvaux. — Leclercq. — Lefèvre. — Legée. — Legros (Gilbert-Valentin, et Albert-Émile). — Lepreux. — Le Ray. — Lhoir. — Limbach. — Limon. — Lohr. — Lonchamp. — Lossouarn. — Louvet. — Luce. — Lucien. — Luthringer.

Macé. — Magri. — Maline. — Maltin. — Marchand. — Marcilly. — Maréchal. — Marleux. — Marseille. — Martinet. — Marzet (en captivité). — Mascetti. — Mazet. — Méline. — Ménissier. — Michel (Rémond-Remi, et Lucien-Antoine-Henri). — Miltat (Marius). — Monpeurt. — Montel.

Nagel. — Nehr. — Nicolas. — Noël (Armand-Joseph, et Joseph-Hyacinthe). — Nostry.

Oudin.

Paillard. — Pavué (¹). — Pelladez. — Pelletier. — Périn. — Perrin. — Pillerel.

Quignot.

Roy.

Sackstetter. — Schœffer. — Schmidt. — Schmitter. — Serva. — Simon (François-Valère-Léon, et Camille). — Simonin. — Sinibaldi. — Souny. — Stein. — Stœffler. — Sustillon.

Théry. — Thibault (Albert-Charles). — Thibaut (Auguste-

____

(1) Trou de balle.

Richard-Fortuné). — Thieffry (Charles-Auguste, et Émile-Auguste). — Thuillier. — Tiers. — Tittelin. — Tombe. — Toubeaux. — Trainel. — Trefcou.

Van Breughel. — Van Craeynest. — Van den Bossche. — Vandevelle. — Varin. — Vasset. — Vaudequin. — Venet. — Vergand (Marie-André, et Ch.-René). — Vestiel. — Viard. — Vigny. — Vimeux. — Visery. — Vivien. Warnet. — Watin. — Weber.

LISTE

des habitants et des soldats de Fillières tombés pendant la guerre.

Soldats morts ou disparus.

1. Adnet (Camille), Jumelles d'Ormes, décembre 1914.
2. Armusiaux (Jules), hôpital de Vouziers, décembre 1918.
3. Arnoux (Alcide), hôpital de Dijon, mars 1916.
4. Barthélémy (Germain), hôpital de Marseille, février 1916.
5. Bazard (Louis), *disparu* à Bagatelle (Argonne), mai 1915.
6. Bertin (Adrien), *disparu* à la ferme Thiaumont, mai 1916.
7. Bertin (Camille), fort de Pompelle (Marne), octobre 1914.
8. Claude (Émile), prisonnier, mort à Stendhal, août 1918.
9. Clausse (Gabriel), hôpital de Cahors, novembre 1915.
10. Didry (Victor), Curchy (Somme), septembre 1918.
11. Dolhain (Augustin), Vienne-le-Château, septembre 1914.
12. Dolhain (Lucien), Longwy, août 1914.
13. Dolhain (Joseph), Fromeréville (Meuse), août 1917.
14. François (Adrien), Monastir, avril 1917.
15. Hoberty (Victor), *disparu* au bois de la Gruerie, octobre 1917.
16. Humbert (Alfred), Saint-Mémie, novembre 1914.
17. Lefondeur (Louis), Massiges (Champagne), septembre 1915.
18. Mabille (Lucien), *disparu* à Vimy, octobre 1915.
19. Robinet (Joseph), capitaine, Val-de-Grâce, octobre 1914.
20. Pépin (Émilien), hôpital Lafarge (Ardèche), décembre 1914.

21. Thiriou (Edmond), *disparu* à Marchéville (Meuse), avril
1915.
22. Thirion (Félix), Ferme Beauséjour (Marne), mars 1915.

Habitants de Fillières tués.

1. Bertrand (Marie), épouse Ferrand, 21 août 1914.
2. Bourgeois (Lucien), 22 août 1914.
3. Drouet (Jean-Baptiste), appariteur, 8 août 1914.
4. Ferrand (Eugène), 22 août 1914.
5. Lallement (Célestine), épouse Ley, 23 août 1914.
6. Ley (Frédéric), 23 août 1914.
7. Lefondeur (Paula), 9 ans, 22 août 1914.
8. Humbert (Félix), à Aumetz, 22 août 1914.
9. Norroy (Louis), 22 août 1914.
10. Vigneron (Michel), fusillé devant sa maison, 22 août 1914.

LISTE

des soldats tombés à Joppécourt, près Fillières (154ᵉ, 155ᵉ).

Entre la gare de Joppécourt-Fillières et le village de Mercy-
le-Haut, il y eut cent cinquante morts. Voici les plaques
d'identité de quelques-uns (à la mairie de Joppécourt) :

1. Balat (Gustave), 1906 (?), Toul, 1002.
2. Ceccaldi (Dominique), 1913, Ajaccio, 187.
3. Cesbron.
4. Clousiez (Eugène), 1912, Blois, 1979.
5. Delalandre (Eugène), 1905, Verdun, 380.
6. Détrez (Charles), 1912, Laon, 535.
7. Durand (Paul), 1913, Versailles, 3261.
8. Fallut (Eugène), 1911, Le Havre, 2600.
9. Floquet (Gaston), 1913, Verdun, 818.
10. Gentiline (Dominique), 1912, Laon, 807.
11. Girard (Henri), 1913, Dreux, 347.
12. Henry (Paul), 1913, Toul, 1447.

13. Husson (André) (¹), 1913, Verdun, 264.
14. Jacquot (Émile), 1904, Verdun, 375.
15. Lafond (Reims), 2173.
16. Longlé (Georges), 1912, Châlons-sur-Marne, 1508.
17. Lunay (Louis), 1910, Chartres, 780.
18. Maginot (Louis), 1909, Verdun, 1131.
19. Martin (Lucien), 1905, Mézières, 2081.
20. Menun (Augustin), 1911, Seine, 3e Bureau, 1060.
21. Millot.
22. Ragache (Louis), 1911, Verdun, 160.
23. Schweizer (Jean), 1912, Seine, 3188.
24. Tomas (Émile), 1910, Toul, 424.
25. Touzeau (Edmond), 1912, Dreux, 534.

QUELQUES INTÉRESSANTES
CORRESPONDANCES DE SOLDATS

Dans ces correspondances se reflète bien l'état d'âme des populations en France au commencement de la guerre. On nous pardonnera d'ouvrir pour quelques instants les portes du sanctuaire de la famille et d'en dire les secrets.....

D'abord on constate la surprise, la consternation même. On ne voulait pas croire à la guerre, du moins on ne la croyait pas de longue durée. « Cela va s'arranger vite, avec les engins qu'il y a maintenant. » « Il faut vivre de la bonne espérance », écrit une mère de famille. « L'Allemagne va faire machine arrière. » « Tu reviendras bientôt et nous ferons une grande fête ! » « Et on se reverra bientôt, avant peu ! » (Ceci était écrit sur une carte postale que j'ai trouvée tachée du sang du destinataire.) Hélas ! pour certaines familles, on ne se revit ni bientôt — ni jamais ! Le soldat est couché là-bas dans sa tombe, et sa mère pleurera toujours son absence du foyer !

----

(1) A Fillières, à la Belle Croix (tombe n° 41), il y a six Français, dont A. Husson. Est-ce le même ?

Ensuite on se reprit, et vite. « Du courage, du courage. Ne pas se faire de *bile* », dit une mère de famille à son gars. « Cela n'avance à rien. Rien ne veut arriver. Dieu protège les bons enfants ! » « On y va avec ardeur et on sera victorieux », dit une autre lettre. Le branle-bas de la mobilisation a commencé. Les trains partout circulent pleins de soldats qui partent à l'ennemi en chantant. « Si tu voyais le *potin* (*sic*) qu'il y a ici avec la guerre ! J'en suis malade ! » dit un père de famille (Guillemin). « Tu dis que tous sont enchantés de partir. Chez nous non plus personne ne se fait prier. »

Puis ceux restés à la maison veulent des nouvelles, sont inquiets. Point de réponse à leurs lettres. D'où vient cela ? La poste est en désarroi. « Seulement un mot, un petit mot, deux mots, tous les jours ! » « pour nous encourager et nous rassurer sur ton sort » (Felendler). Et quand une lettre est arrivée, la lettre tant désirée, elle est lue avidement, avec émotion : « Nous avons pleuré en te lisant ! » Et pendant que le soldat est à la guerre, on travaille à la maison, à la ferme : « On a commencé à moissonner, à battre. Nous travaillons un peu plus dur, mais personne ne s'en plaint. » « Les foins sont finis. » « Il pleut. Quinze jours de pluie qui nous ont retardés. Les pommes de terre pourrissent. »

Le chagrin, entre temps, se glisse silencieusement dans les âmes : « Tout cela n'est pas gai. Nous travaillons sans courage. » « Je m'ennuie, je me dégoûte. Je n'en mange plus. Cinquante jours plus vieux (Était-ce la durée qu'on donnait à la guerre ?) et soyons ensemble pour toujours. » (Hélas !) (Thibault). « Je suis contrarié avec cette guerre ! » « Nous sommes tourmentés de te savoir là-bas. » « Je n'en dors pas la nuit de te savoir exposé ! » dit la mère. « Maman est au désespoir », écrit la sœur. La pauvre mère ne devait plus revoir son fils ! (Laurier est à la tombe Waldecke !)

Mais enfin on se résigne, on accepte bravement, avec assurance, l'épreuve ; on écrit au soldat qu'il « devra *faire son devoir* et (ajoute la sœur) *tuer le plus de Prussiens possible ! On a foi en la justice immanente* » (Bour) ; « on a confiance dans les qualités de calme et de prudence » du héros (Sabouroux). On espère en la Providence, on a recours à la religion, et si la mort même venait, on l'envisage chrétiennement, et le sacrifice d'un être chéri qui sera tombé en faisant son devoir pour la patrie est accepté simplement, généreusement, par ces admirables familles ! « S'il t'arrivait malheur (oui, hélas ! la mort est venue), je serai fière de toi », dit une épouse au noble cœur, « et tes enfants aussi, le petit André et Yvonne, car je leur parlerai de toi *toujours !* » Et encore : « Si cela arrivait (!), j'aurai la consolation de te retrouver au Ciel. » (Mougel). Un jeune soldat (également tombé) a envisagé lui aussi — et à son âge ! — la mort ; il l'a acceptée et sur une petite feuille de papier il écrivait, au crayon, son vœu suprême, sa demande expresse, touchante, c'est d'être « ramené dans son pays (à Pleurs, Marne) pour y être enterré religieusement ». A côté de sa tombe de soldat mort pour la patrie, il veut voir la religion se présenter. Dans sa mort il unit la fidélité à la patrie à l'attachement à la religion : il a la récompense que donne la patrie reconnaissante et celle que la religion nous révèle pour le bon et fidèle serviteur. (Jollard, retrouvé dans un puits.)

Qu'elle est belle et adorable, notre race française ! Que de noble dévouement elle sait montrer ! Quels fiers mépris du danger nous avons vus dans la dernière guerre ! Quelle fermeté ! Mais aussi en même temps quelle simplicité dans le sacrifice, quel abandon charmant de la vie, quel calme ! On va à la mort avec une dignité incomparable — et un beau sourire sur les lèvres ! En plus, cet héroïsme est rehaussé, ennobli, auréolé par un haut sentiment religieux, comme autrefois on voyait les martyrs se sacrifiant avec joie pour les plus nobles causes, s'en aller au supplice en chantant, et les yeux levés vers la récompense réelle et durable qui suit l'épreuve fidèlement supportée.

A côté de ces grandes idées du devoir, du sacrifice accepté, les lettres reflètent (il faut bien en dire un mot), avec quelle simplicité, quelle naïveté — et avec quel ravissement (on le devine) pour le soldat bien loin ! la vie de famille dans ses menus détails, typiques, originaux et... adorables. La mère, soucieuse de son fils, lui envoie un peu d'argent supplémentaire « pour qu'il se soigne bien ». Seulement c'est *en cachette* du père, et dans sa réponse le fils ne devra pas parler d'argent. « Car ton père ne le sait pas ! » — Une autre envoie aussi de l'argent : « Comme je pense que tu dois être *à sec,* je t'envoie dix francs. Hier, Henri a été à la pêche et nous a rapporté une petite friture qui était *très bonne.* Nous nous disposons à une promenade au bois de Fontenay. Marcel, qui est venu déjeuner, vient aussi se promener. » (Huart.) Dans une autre famille, la mère est, dit-elle, « souffrante, affaiblie et garde le lit. » « Dans notre misère », ajoute-t-elle, « nous avons la consolation que la *dernière bonne* est plus que bien sous tous les rapports. On ne saurait lui adresser un reproche. *Tout est parfait !* » (Pourvu que cela dure !) — Ailleurs, c'est la sœur qui écrit de Paris, où elle est en service, à son frère ; elle lui envoie vingt francs, « et plus, s'il faut ». Elle donne des nouvelles de la famille, elle en donne de ses maîtres : « Notre dame n'est plus si agréable comme quand tu es venu. Depuis les élections, que Monsieur n'a pas réussi, elle est toujours énervée, *comme une folle.* Enfin, ça ne fait rien ; tu pourras peut-être venir, sans qu'elle s'en aperçoive. » (Gigault.) Le soldat, à la lecture de cette lettre, malgré les ennuis très présents de la guerre, a dû bien rire de la politique en France. — La perle de ces lettres de famille est la belle lettre du commandant Beaufils, écrite la veille de la bataille (Voir p. 49).

22 août 1919. Anniversaire de la bataille de Fillières.

A. M.

TABLE DES MATIÈRES

	Pages
Avant-propos	vii
La mobilisation	1
Premiers Allemands	3
Village envahi	6
Réquisition. — Une alerte. — Enterrement	13
Bruits divers	13
Maire fusillé à Joppécourt	14
De nouvelles troupes. — M. Bertrand	15
Ils espèrent et désespèrent	17
Ils partent. — Et les Français ?	19
A Serrouville. — L'abbé Moureaux maltraité	19
A Bazailles	20
Deux blessés	21
L'Assomption. — Armes à livrer	21
Artillerie française « ingracieuse »	22
Les affaires allemandes ne vont pas	22
Encore des troupes	23
Insuccès. — A Pillon. — Gross malheur !	24
Les chefs se consolent	25
Dans un village voisin	26
Maudites fèves bleues !.	26
Quelque chose se prépare	27
La bataille de Fillières	28
Le saint-cyrien de Blottefière succombe	30
Dans le village. — Le capitaine Bécourt, gendre du maréchal Foch	31
M. l'abbé Robert, curé de Fillières	32
Un quartier du village incendié. — Tuerie	33
Un autre coin du champ de bataille	35
Fin de la bataille	38
Triste voyage !	39
A l'ambulance	39

Pages

Toujours l'incendie 43
Blessés allemands sur le champ de bataille. 43
Enterrement. — Un chasseur français retrouvé. . . . 44
Un aumônier militaire allemand 45
Visite du champ de bataille 46
On s'occupe des morts français. — Triste spectacle. . 46
La « Wacht am Rhein ». — Les bons Lorrains. . . . 54
Confitures de Bar 54
Un deuil personnel 55
Verdun tombé ? — Deux franciscains allemands . . . 56
Dires d'un journal allemand. — M. Poincaré a parlé . 57
Un journal de Luxembourg : Défaites allemandes. . . 58
Le Kronprinz serait tué. — Le grand pont. 58
Longwy est pris 59
L'abbé Vary, de Trieux 60
Français brûlés vifs à Doncourt. 61
Exode d'habitants de Mercy-le-Haut. 61
Pertes allemandes. 62
Nos craintes, nos ennuis. 63
Un ange au ciel. 63
Incendie à Mainbottel. — Nos otages 64
Fusillés à Longwy. — A Morfontaine. — Confiance. . 64
Du côté de Verdun 65
A Thionville. — Proclamation à Hayange 66
Échecs allemands. 66
L'intrigante Angleterre 67
La Prusse est « fichue ». — Prise de Serrouville . . . 68
Du bluff. — Verdun, jamais !. 69
Sollicitude du préfet de Thionville. — « Eux, dicta-
    teurs ! » 69
« Il n'y a plus d'État ». 70
La Gazette de Lorraine chez nous. — Kaput ! Kaput ! 71
Benoît XV 72
Les pigeons réquisitionnés 72
Nouvelles de Nancy 73
Espoir ! Tout va bien 74
Défaites et sonneries de cloches. 75
Le cheval de Verdun 76

	Pages
On enterre deux soldats retrouvés.	76
L'Empereur est passé !.	77
Une bataille s'annonce.	78
Visite de reporters étrangers	79
Défense de... — Ordre de...	80
Région de Briey, etc.	80
Des nouvelles. — Alerte chez les Allemands	81
Une alerte	82
Allemands battus	83
Une petite histoire.	83
Quelque chose en l'air.	84
Prophéties interdites.	85
Visite de deux Silésiens	86
Tristesse chez les Allemands	87
Invasion des Barbares	88
Réquisitions	89
Ville-au-Montois ravagé	90
Le capitaine français Chrétiennot	91
Un général allemand nous visite	91
Un capitaine français tué.	92
L'union sacrée	93
No-me-ny !	93
6 décembre, la Saint-Nicolas.	94
Quelques nouvelles	94
Est-ce fini ?.	95
Un nouveau commandant allemand	97
Vexations	98
Fête de Noël	99
Noël à Joppécourt !	100
Noël à Mairy.	100
L'année 1915.	101
Ce n'est pas encore la paix.	102
Revue des enfants. — *Gross* malheur !.	102
Les noyers sont abattus	103
Diplomatie.	104
Patience ! dit le *Temps.* — *Victoire !* dit Viviani	105
Le service religieux à Serrouville	106
Des ennuis.	106

Pages

En quête de « matériel ». 107
Une affiche. 107
Nancy endommagé 107
France « victorieuse ». 108
Visite à Mercy-le-Haut. 109
Et Verdun ? 111
Aux Chambres françaises 112
Encore trois ans ! 114
Succès allemands ? — L'offensive française ? 115
On sonne les cloches. — Toujours Verdun ! 116
Pertes allemandes. 117
Précautions allemandes 118
Évacuation du pays 119
Culture des champs 120
Des gens partent en France 120
Préoccupations allemandes. 121
Troupes allemandes envoyées en Russie. 121
Souhait de la paix. 123
Le capitaine français Aweug 123
Visite d'un officier allemand 124
La *Gazette des Ardennes* à Fillières. 125
Les Allemands n'avancent pas 125
Visite à Errouville. — L'abbé Esselin, curé 126
Réfugiés à Villerupt. 127
Mon voyage à Longwy et Longuyon. 127
Craintes de l'offensive française. 132
Des troupes à Fillières. — Une beuverie. 132
Ce n'est pas encore la paix. 136
Les uns partent, les autres vont rester. 137
Les dames Robinet partent en France 139
Enquête 139
Le lieutenant Rosenfeld 139
Insuccès allemands 140
Une fête religieuse intime à Serrouville 141
Ma rentrée en France 142
Supplément dédié aux familles 147
    Enterrés 147
    Plaques d'identité. 152

Pages

Sacs de soldats 155
Soldats blessés soignés à l'ambulance et emmenés en Allemagne 157
Livrets de soldats 159
Liste des habitants et des soldats de Fillières tombés pendant la guerre 162
Liste des soldats tombés à Joppécourt, près Fillières (154ᵉ, 155ᵉ) 163
Quelques intéressantes correspondances de soldats . 164

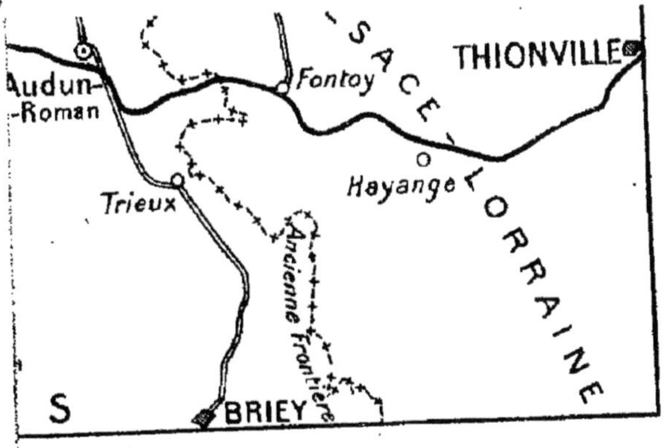

Audun-Roman
Fontoy
THIONVILLE
Trieux
Hayange
SACE-LORRAINE
Ancienne Frontière
S
BRIEY

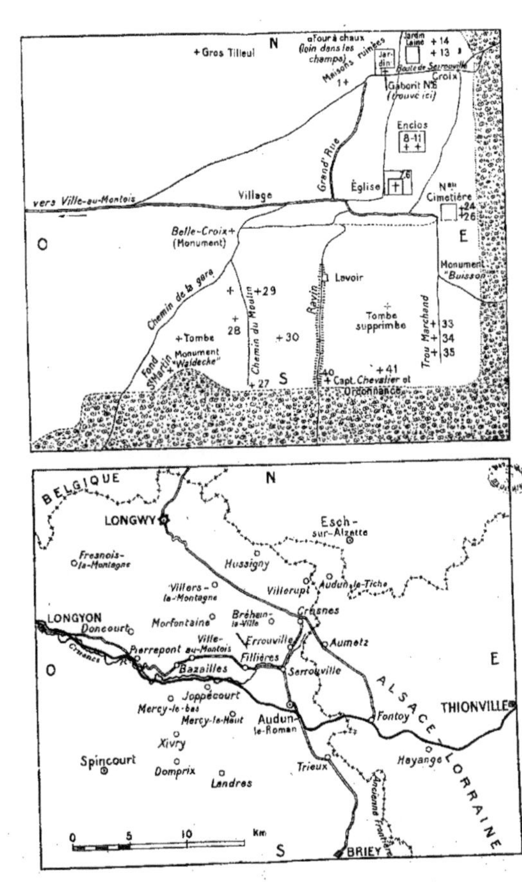

N
+ Gros Tilleul
Tour à chaux
(loin dans les champs)
Maisons ruinées
Jardin
Jardin Laine
+ 14
+ 13
Route de Sarrouville
Croix
1 +
Gaborit No
(trouvé ici)
Enclos
8-11
+ +
Grand'Rue
vers Ville-au-Montois
Village
Église
6
Nau Cimetière
+ 24
+ 26
O
E
Belle-Croix +
(Monument)
Chemin de la gare
Lavoir
Monument "Buisson"
Ravin
+
+ 29
Chemin du Moulin
Tombe supprimée
+ 33
+ Tombe
28
+ 30
+
+ 34
Fond St Martin
Monument "Waldecke"
27
S
40
+ Capt. Chevalier et Ordonnance
+ 41
Trou Marchand
+ 35

BELGIQUE
N
LONGWY
Esch-sur-Alzette
Fresnois-la-Montagne
Hussigny
Villers-la-Montagne
Villerupt
Audun-le-Tiche
LONGYON
Morfontaine
Bréhain-la-Ville
Crusnes
Doncourt
Ville-
Errouville
Aumetz
Crusnes
Pierrepont au-Montois
Filières
O
E
Bazailles
Serrouville
ALSACE-LORRAINE
Joppécourt
Mercy-le-bas
Fontoy
THIONVILLE
Mercy-le-Haut
Audun-le-Roman
Xivry
Trieux
Hayange
Spincourt
Domprix
Landres
Anciene frontière
0   5   10   km
S
BRIEY

IMPRIMERIE BERGER-LEVRAULT, NANCY - PARIS - STRASBOURG

BERGER-LEVRAULT, LIBRAIRES-ÉDITEURS
NANCY - PARIS - STRASBOURG

La Victoire de Lorraine (24 août-12 septembre 1914). *Carnet d'un Officier de Dragons*, par Adrien BERTRAND. 20ᵉ édition, revue et augmentée. 1917. Volume in-12, avec 18 photographies . . . . **3 fr. 50**

Carnet de route d'un Officier d'Alpins. 1ʳᵉ série : *Août-septembre 1914. En Lorraine. La bataille de la Marne.* 11ᵉ édition. 1916. Volume in-8, avec 6 gravures et 1 carte hors texte, broché . . . . **1 fr. 50**
— 2ᵉ série : *Octobre à décembre 1914. En Argonne, Sur l'Yser. En Artois.* 1916. Volume in-8, avec 3 gravures et 3 cartes hors texte . . . . . **1 fr. 50**

Morhange et les Marsouins en Lorraine, par R. CHRISTIAN-FROGÉ. Préface de J.-H. ROSNY aîné. 1917. Volume in-12, avec 16 photographies et 4 cartes . . . . **3 fr. 50**

La Croix des Carmes. *Documents sur les Combattants du bois Le Prêtre,* par Jean VARIOT. 1916. Volume in-16 jésus, avec 5 dessins de l'auteur. **2 fr.**

Journal de Campagne d'un Officier de ligne. *Sarrebourg. La Mortagne. Forêt d'Apremont,* par le capitaine RIMBAULT. Préface de Maurice BARRÈS, de l'Académie Française. 1916. Volume in-12, avec 8 illustrations et 3 cartes, broché . . . . **3 fr. 50**

Vingt jours de Guerre aux temps héroïques. *Carnet de route d'un commandant de compagnie (Août 1914),* par le commandant A. GRASSET. 1919. Volume in-12, avec une carte et un croquis . . . . **3 fr. 50**

Trois ans de Front. *Belgique. Aisne et Champagne. Verdun. Argonne. Lorraine.* Notes et impressions d'un Artilleur, par J.-L.-Gaston PASTRE. 1918. Volume in-12 . . . . **3 fr. 50**

Quelques Images de la Guerre. Woëvre-Verdun, par le lieutenant E. HENSCHER. Préface de Gustave GEFFROY. 1917. Volume in-12, avec 55 dessins de l'auteur, dont 20 planches hors texte . . . . **3 fr. 50**

La Cote 304. *Souvenirs d'un Officier de Zouaves,* par André DOLLÉ. 1917. Volume in-12, avec illustrations . . . . **3 fr. 50**

Au Ciel de Verdun. *Notes d'un Aviateur,* par Bernard LAFONT. 1918. Volume in-12 . . . . **3 fr. 50**

Verdun à la veille de la Guerre et Verdun en 1917, par Edmond PIONNIER et Ernest BEAUGUITTE. 1917. Volume grand in-8, avec 43 dessins de KONARSKI et 9 photographies de Verdun bombardé . . . . **3 fr. 50**

La Vérité sur le Siège de Maubeuge, par le commandant CASSOU. 1919. Volume in-12, avec une carte. . . . . **3 fr. 50**

La Place de Belfort et la pénétration française dans le Sud de l'Alsace en 1914, par le général THÉVENET, ancien gouverneur de Belfort. 1919. Volume in-12, avec une carte . . . . **4 fr.**

Histoire d'une Compagnie. *Main de Massiges. Verdun.* Novembre 1915-juin 1916. *Journal de marche,* par le capitaine DELVERT. Préface de Ernest LAVISSE, de l'Académie Française. 1918. Volume in-12 . . . . . . **3 fr. 50**

La Flamme victorieuse. *Carnet de route. Trois étapes du 20ᵉ corps : Haraucourt. — Fouquescourt. — Hébuterne,* par Raymond GENTY. 1917. Volume in-12. . . . . **3 fr. 50**

Quelques Héros. *Récits authentiques de la Grande Guerre,* par le capitaine DELVERT. Lettre-préface de Marcel PRÉVOST, de l'Académie Française. 5ᵉ édition. 1918. Volume in-12, avec 16 gravures hors texte . . . . **3 fr. 50**

Petites Images du temps de guerre, par André WARNOD. 1918. Volume in-12, avec 43 dessins de l'auteur . . . . **3 fr. 50**

Six Semaines à la Guerre. *Bruxelles, Namur, Maubeuge,* par la duchesse DE SUTHERLAND. 6ᵉ édition. 1915. Volume in-8, avec 9 planches hors texte, 2 fac-similés et 1 carte . . . . **1 fr. 50**

BERGER-LEVRAULT, LIBRAIRES-ÉDITEURS

NANCY | PARIS | STRASBOURG
18, Rue des Glacis | 5, Rue des Beaux-Arts | 23, Place Broglie

Sur la Tombe des Martyrs — Sur la Tombe des Héros. *Gerbéviller 1916*, par L. Mirman, préfet de Meurthe-et-Moselle. In-16 jésus, avec une composition de V. Prouvé . . . . **1 fr.**

Six mois en Lorraine, par M. Gabé de Champvert, engagé volontaire. 1919. Volume in-12 . . . . **2 fr. 75**

La Lorraine inconnue. *Étude géographique, historique, économique sur le pays désannexé*, par J. Baudesson de Granville. Préface de Maurice Barrès. 1919. Volume in-12, avec 22 illustrations et 2 cartes . . . . . . **3 fr.**

Jusqu'au Rhin. *Les Terres meurtries et les Terres promises*, par A. de Pouvourville. 5e édition. 1917. Volume in-12, avec 32 cartes . . . **3 fr. 50**

Saint-Dié sous la botte. *Une mission imposée par les Allemands en 1914*, par Ernest Colin, adjoint au maire de Saint-Dié. Préface de Emile Hinzelin. 1919. Volume in-12 . . . . *Net.* **3 fr.**

Leur Calvaire ! *Ceux de Cambrai, Noyon, Lille, Saint-Quentin*, par Benjamin Vallotton. 1918. Volume in-16 jésus . . . . *Net.* **90 c.**

Notes d'une Internée française en Allemagne, par Céline Fallet. 4e édition. 1918. Volume in-8, avec 12 gravures hors texte . . . . . **3 fr.**

Les Prisonniers civils en Allemagne. *Impressions de captivité à Bad Hombourg*, par N.-P. Karabtchewsky, avocat à la Cour de Pétrograd. Traduit du russe. 1917. Volume in-12 . . . . **3 fr. 50**

Les Captifs, par le capitaine R. Christian-Frogé. 1919. Volume in-12, avec 8 photographies hors texte . . . . **3 fr. 50**

Un Camp de représailles. Fr. K. III, par Mario Meunier. 1919. Volume in-16 jésus . . . . *Net.* **90 c.**

Les Rapatriés, par René Benjamin. 1918. Volume in-16 jésus . . . **1 fr. 50**

Le Retour des Innocents, par Henri Bordeaux. 1918. Brochure in-16 jésus, avec 5 dessins d'après nature . . . . **50 c.**

En Allemagne. Impressions d'un Évadé. *De Douaumont à Mannheim et aux camps de représailles et de punitions*, par Géo Valiss. 1918. Volume in-12 . . . . **2 fr. 50**

L'Évasion. *Récit de deux prisonniers françois évadés du camp d'Hammelbourg*, par D. Baud-Bovy. Préface de Maurice Millioud, directeur de la « Bibliothèque Universelle ». 1917. Volume in-12, avec 9 illustrations et 3 cartes. **3 fr. 50**

Contes de Guerre pour Jean-Pierre, par Émile Mosilly. 1918. Volume in-16 jésus . . . . *Net.* **90 c.**

Un Soldat de France. *Lettres d'un médecin auxiliaire, 31 juillet 1914-14 avril 1917.* Préface de M. Émile Boutroux, de l'Académie Française. 1919. Volume in-12 . . . . **3 fr.**

Parmi les Ruines. *De la Marne au Grand Couronné*, par Gomez Carrillo. 4e mille. 1915. Volume in-12 de 387 pages, broché . . . . . **3 fr. 50**

Tranchées de Verdun, par Daniel Mornet. 1918. Volume in-16 jésus. *Net.* **90 c.**

IMPRIMERIE BERGER-LEVRAULT, NANCY-PARIS-STRASBOURG

www.ingramcontent.com/pod-product-compliance
Ingram Content Group UK Ltd.
Pitfield, Milton Keynes, MK11 3LW, UK
UKHW021125220726
13924UKWH00004B/1909